循环式增长

企业如何在万物智联时代持续盈利

[美] W. 大卫·斯蒂芬森（W. David Stephenson） / 著

王正林 / 译

THE FUTURE IS SMART

HOW YOUR COMPANY CAN CAPITALIZE
ON THE INTERNET OF THINGS
AND WIN IN A CONNECTED ECONOMY

图书在版编目（CIP）数据

循环式增长：企业如何在万物智联时代持续盈利 /（美）W. 大卫·斯蒂芬森著；王正林译. -- 北京：中信出版社，2023.2

书名原文：The future is smart: how your company can capitalize on the Internet of things and win in a connected economy

ISBN 978-7-5217-5299-1

Ⅰ. ①循… Ⅱ. ①W… ②王… Ⅲ. ①物联网－应用－企业管理－研究 Ⅳ. ① F272.7

中国国家版本馆 CIP 数据核字（2023）第 009556 号

THE FUTURE IS SMART: how your company can capitalize on the internet of things and win in a connected economy By W. DAVID STEPHENSON.
Copyright © 2018 BY W. DAVID STEPHENSON.
This edition arranged with AMACOM through BIG APPLE AGENCY, INC., LABUAN, MALAYSIA.
Simplified Chinese edition copyright © 2023 by CITIC Press Corporation.
All rights reserved.

循环式增长——企业如何在万物智联时代持续盈利

著者：[美] W. 大卫·斯蒂芬森
译者：王正林
出版发行：中信出版集团股份有限公司
（北京市朝阳区东三环北路 27 号嘉铭中心 邮编 100020）
承印者：北京诚信伟业印刷有限公司

开本：787mm×1092mm 1/16　印张：15.5　字数：167 千字
版次：2023 年 2 月第 1 版　印次：2023 年 2 月第 1 次印刷
京权图字：01-2022-6683　书号：ISBN 978-7-5217-5299-1
定价：69.00 元

版权所有·侵权必究
如有印刷、装订问题，本公司负责调换。
服务热线：400-600-8099
投稿邮箱：author@citicpub.com

谨以此书献给我的儿子们

阿莱克斯（Alex）

纳特（Nat）

杰瑞德（Jared）和杰里米（Jeremy）

和我的孙辈们

格蕾丝（Grace）、哈珀尔（Harper）、英迪（Inti）

杰克（Jack）、萨曼莎（Samantha）和索菲（Sophie）

如果我们能够明智而合理地开发物联网的话，
他们的生活将因此变得更加丰富多彩。

序

物联网（IoT）给任何行业、任何公司，甚至任何个人带来的潜在增长都是不可否认的。遍布传感器的城市和企业的智能世界的愿景，使得我们可以憧憬，将来这个世界会变得更高效、更宜居、更安全、更有弹性。我们正经历实物世界与数字世界融合带来的转型，我们正面临第四次工业革命，而且，我们刚刚开始"铺设铁轨"，使这种转型与革命成为可能。

到目前为止，技术产业之中的每个人都意识到，问题不在于物联网是否会爆炸式发展，而在于何时爆炸式发展。作为一家物联网解决方案制造商，Libelium公司为经常与知名公司合作而感到自豪。通过在市场中摸爬滚打，我们了解到，并非所有的公司都能迅速理解物联网所带给人类的好处和挑战。《循环式增长》这本书是一个有力的工具，能够帮助我们说服那些怀疑论者，告诉他们物联网将会怎样帮助他们，或者提醒他们：如果还不开始迎接物联网，就会远远落后于人。

这也是我们在数字时代经历的第一次工业革命，那些传统公司的高管更加难以适应。技术在没有任何可参照标准的情况下快速发展，无数的通信协议、传感器和云平台压垮了绝大部分的公司，甚至最大的公司也未能幸免。当你认为你已经获得了自己需要的一切时，你仍有必要认识到你还需要相关领域的专家来分析数据，并且整合公司与他人的合作。数字生态系统的力量以及你在公司内外整合这个系统的能力，推动了物联网的协同性之战，我们中的一些人试图通过将硬件设备与软件服务结合起来的方式来使这场战斗更加明朗化。

我在这个市场浸淫了12年之久，担任Libelium公司的首席执行官，领导着公司向前迈进。我亲眼见证了这场革命的多个场景，比如节约工厂成本、增加农作物产量、提升交通安全、探测森林火灾、监控和减少污染、提高市民生活质量等。那时候，物联网这个术语甚至还没有问世。简单地讲，这种技术是一个有利于发展经济、创造就业（是的，毫无疑问是这样）、扩大需求、改进生产流程并催生新一代商业模式的工具。

但是，这样的发展前景也给人类带来了挑战，而这正是《循环式增长》一书所强调的。

物联网技术的过度使用及其应用的扭曲，正在以我们无法适应的速度发展变化，尤其是当它影响到个人和企业的隐私与安全之时。剑桥分析公司（Cambridge Analytica）的丑闻暴露了放弃隐私与操纵隐私之间的界限。这涉及利益的权衡。2017年，一家无人机制造商在有些国家划定了禁飞区，以防恐怖分子利用无人机进行恐怖袭击，而这也不可避免地限制了它们可能用于运送人道主义救援物资的用途。在进一步发展汽车自动驾驶技术之前，我们应当首先决定我们想保护司机还是行人的生命。我们绝不能让技术的发展超越人类的道德范畴，而且，在这个方面需要时刻保持清醒的头脑。本书作者W.大卫·斯蒂芬森决定将隐私与安全作为物联网的"基本真理"之一，目的就是让人们明白这一点。

对于更多数据的收集，迫使我们和我们的公司在我期望的"数据管理时代"（datocracy era）中安顿下来，变得更加理性。因为它不再仅仅涉及收集数据，还涉及提供一种情境来将数据转换成有益的和有效的信息。我们面临的主要挑战不光是在组织中领导变革，以便在这个新世界中占据优势（有时候只是为了生存），还包括我们该如何决定使用和共享日常的技术。这个新时代可以促使政府的决策更透明，因此，物联网和智慧城市（Smart City）留给人类的最大财富将是更加民主。正如这本书的另一个"基本真理"所言，我们必须从像过去那样囤积数据艰难地转变成为了共同利益而共享数据。

综上所述，不想加入这场革命的人，可以选择住在深山老林里，没有任何风险，没有任何忧虑，当然，也没有互联网。除了这些人之外，其余的所有人都要读一读这本书。

——阿莉茜娅·阿塞恩（Alicia Asín）

西班牙萨拉戈萨市Libelium公司共同创始人和首席执行官

前言

我的朋友埃里克·博纳博（Eric Bonabeau）曾经提出的一个问题，是我在思考创新时面临的严峻考验。他的问题是："你现在能做什么以前不能做的事情？"这也就是说，不要满足于仅仅改善过去，而是要从根本上改变过去。

我在第一次了解物联网时意识到，对于埃里克这个问题，最全面的回答是：我们首次可以"看到"从奶牛到大型机械等各种事物的内部，确切地了解它们现在如何运作（或者出了什么故障）。这反过来又将消除我们之前对猜测的依赖，以前，我们要么盲目猜测，要么根据事物过去的表现来推测。依赖猜测，使我们不得不准备低效率的、"以防万一"的应急支出，同时拖慢了产品及其性能的改进。正因为如此，这本书的第一个重点是讲物联网将给我们带来的前所未有的精确度，以及这种精确度将产生的效应：

- 以史无前例的力度整合供应链、制造和分销系统。
- 用预测性维护替代基于猜测的定期维护，在设备刚刚冒出故障迹象时就进行维护，这样的维护成本更低，中断更少，客户满意度更高。
- 加快产品升级，使客户更满意，提升客户忠诚度。
- 通过将产品作为服务进行营销，创造新的收入流。

然而，真正抓住我的想象力的，也是我认为"你现在能做什么以前不能做的事情"的终极例子，是我读完赫佩尔曼（Heppelmann）和波特（Porter）在《哈佛商业评论》（Harvard Business Review）上就物联网主题发表的第二篇文章后产生的灵感。当时他们预测，物联网不但可能从根本上改变我们的产品，而且可能彻底改变我们管理公司的方式。但是，两位作者并没有指出会怎样改变。他们在文章中说：

> 对于正在努力（向物联网）转型的公司来说，如今，组织问题就是中心舞台，而且没有剧本。我们刚刚开始重新编写已经存在了几十年的组织结构图。[1]

突然，我的脑子里萌生出一种想法：我20多年来一直在思考的概念，也就是用循环的管理形式与流程来替代自工业革命诞生以来一直主导企业的层级的和线性的形式与流程，也许是可以实

---

[1] 资料来源：Michael Porter and James Heppelmann, "How Smart, Connected Products are Transforming Companies," *Harvard Business Review*, October 2015, p. 19. https://hbr.org/2015/10/how-smart-connected-products-are-transforming-companies.

现的。究其原因，是我们对新产品与新流程的痴迷掩盖了物联网的另一个特征：每一个需要立即访问有关事物实时数据的人，都可以共享自己对这些数据的访问。反过来，这将促使人们消除数据的"孤岛"，将线性流程改造为循环流程，并且促使拥有不同专长、对不同领域感兴趣和肩负不同职责的人员密切协作，以释放出前所未有的创造力。

《循环式增长》将结合两个以前不可能出现的创新：革命性的新产品及其生产方式，以及加快其生产过程的循环管理流程。

第一部分名为"物联网革命"，介绍了物联网和对于利用物联网的态度的根本性转变，以及使物联网成为现实的工具。

第一章概述了物联网的前景。

第二章描述了充分发挥物联网潜力的一个关键但很少被提及的障碍——套用爱因斯坦的话："你不能用产生问题的思维来解决问题。"真正利用物联网，需要管理层从态度上做出重大转变，我将这种重大转变称为"基本真理"。除非你把安全放在首位，去共享数据而不是囤积数据，将线性流程改造为循环流程，并且重新研发产品，否则你不会意识到物联网技术的好处，也就不会购买你想要的所有物联网技术。

第三章简要介绍了物联网到目前为止的发展历史，并且以非技术的方式介绍了许多（而且还在不断发展的）技术，这些技术的独立发展，将使物联网成为可能。

第四章将详细介绍其中一种名叫"数字孪生"（Digital Twins）的工具，既因为它非常关键，也因为它很好地概括了物联网最本质的特性，即实物与数字的无缝融合。在任何关于物联网战略的讨论中都要记住这一点，以作为一个方便的视觉参考。

第二部分"向先驱者学习"介绍了物联网如何改变当今的企业。这部分（第五章和第六章）将详细讨论基于物联网的策略如何真正让你做以前从未做过的事情，这会使你兴奋不已。

第五章应当给启动物联网计划的公司带来了信心。它着重介绍了两家历史悠久的公司：通用电气（GE）和西门子（Siemens）。这两家公司深深扎根于工业时代，至今仍在生产机车，但也处在物联网发展的前沿。如果它们都能够转型，那你的公司也能！

第六章详细介绍了各公司怎样从物联网中赢利，从科技公司、综合农业公司到保险公司，你一定能找到一位和你的公司情况相似的应用物联网的先驱。还有一些初创公司不受工业时代思维模式的束缚，正在创造全新的基于物联网的产品。听到了吗，Alexa[①]？

第三部分名为"万物智联的未来"，描述即将到来的时代的企业战略，到那个时候，物联网将完全变成现实。

第七章根据已经做出了重要承诺并已意识到实实在在的效益的少数几家公司的说法，详尽阐述全面的物联网战略以怎样的方式无缝地将物联网与制造、设计、供应链及分销网络、售后、用户体验和维护等整合起来。

最后，第八章描述了我对物联网的设想。我认为，物联网不

---

① Alexa是亚马逊公司研发出来的一款数字个人助理，随着亚马逊的每次更新，Alexa都会变得越来越聪明。——译者注

仅将改变我们的产品以及我们生产和使用产品的方式，还将为自工业时代以来公司首次实施的根本性变革造就舞台，这是因为，需要实时数据才能更好地完成工作任务的每个人，有史以来第一次能够共享数据。循环式组织将引领我们摆脱部门信息"孤岛"，与他人展开合作，合作对象不仅包括组织内部人员，而且包括供应链、分销伙伴甚至客户。同时，我们还能与每个人共享"地面实况"。所有人、所有部门同时围绕各种创意和观点展开讨论，其结果将是一个持续的辩证过程，在此过程中，人们能够及时发现并有效处理问题，还会迸发出前所未有的创造力。这将带来新产品、新服务和新流程，是任何一位参与者不可能单独创建的。诸如"Scrum①"和"Slack②"这样的新应用的发展表明，旧的线性流程无法发挥作用，而物联网可以带来解决方案。

---

① 迭代式增量软件开发过程，通常用于敏捷软件开发。——编者注
② 一款基于云端运算的即时通信软件。——编者注

目录

第一部分 物联网革命 /001

第一章 用物联网形成闭环，实现盈利 /003
第二章 物联网的基本真理 /027
第三章 消失的电脑 /053
第四章 数字孪生 /081

第二部分 向物联网技术先驱学习 /099

第五章 引领物联网革命的两匹老马——西门子和通用电气 /101
第六章 精明的公司已经知道物联网将改变游戏规则 /129

第三部分
万物智联的未来 /167

第七章　将所有要素综合起来的物联网雪球　/169

第八章　循环式组织　/211

后记 /225

第一部分

物联网革命

第一章

用物联网形成闭环,实现盈利

> 当无线技术得到完美应用时，整个地球将被转换成一个巨大的大脑，事实上，所有的物体都是一个真实而有节奏的整体中的粒子。
>
> ——尼古拉·特斯拉（Nikola Tesla）[①]

大胃王（BigBelly）智能垃圾桶是新兴物联网的一个缩影。在了解了它之后，你绝不会再以过去那样的方式来思考"物体"及其对商业不断变化的影响。

看看传统的城市垃圾桶吧！还有什么比这更原始的东西呢？

臭气熏天。

表面布满凹痕。

四周都是垃圾（也许还有老鼠）。

经常被打翻在地。

而且还很笨重——真的是又笨又重，就杵在那里。

---

① 资料来源：John B. Kennedy, "When Woman Is Boss," *Colliers*, January 30, 1926. http：//www.tfcbooks.com/tesla/1926-01-30.htm.

直到你遇到大胃王垃圾桶，才会改变对垃圾桶的印象。它是一个光滑、美观且密闭的容器，带有一个利用太阳能发电的压缩机，这样就可以容纳比之前多5倍的垃圾，而且还配有一个或多个回收容器。与城市中传统的垃圾桶相比，这些功能本身就是一个值得注意的进步。

但是，大胃王太阳能公司在初创时并不满足于仅仅提高垃圾和可回收物品的收集效率。在这种垃圾桶早期的设计模型中，它如果接近最大承载能力，就会亮起红灯。但随着云计算技术的问世，该公司和M2M（Machine to Machine，"机器对机器"）无线通信领域的先驱Digi公司将无线通信技术添加到垃圾桶中，使垃圾桶变得"智能"起来。营销副总裁莱拉·狄龙（Leila Dillon）指出："在物联网出现之前，我们就在那里，通过云联结在一起。突然之间，我们惊讶地意识到，我们可以与各城市合作，改变其垃圾处理方式。"[①]

现在，大胃王太阳能公司通过无线的"清洁管理控制台"（CLEAN Management Console），提供了一种实时监控垃圾产生的方法，而不是采用可能完全基于距离远近的传统的垃圾收集路线和日程安排（或者，用大胃王公司更加生动的说法来表达——肌肉记忆和直觉）。这样一来，公共工程部门的工作人员就可以监控和评估垃圾桶内垃圾的数量、发展趋势以及相关数据的分析结果了。如今，收集垃圾的计划可以是动态的，并能根据实时的收集情况而不仅仅是过去的平均值来确定垃圾的收集量。总的来讲，使用

---

① 资料来源：2017年10月20日对营销副总裁莱拉·狄龙的电话采访。

大胃王垃圾桶的城市，能降低70%~80%的垃圾收集频率，同时增加可回收垃圾材料的数量。

大胃王太阳能公司可以提供托管服务，托管服务在订阅的基础上分析数据并管理设备，这不同于喷气式涡轮发动机制造商和其他公司如今用服务来替代产品销售的做法。前者为客户提供增值的数据，这些数据使得客户可以优化绩效，并且为制造商自身产生新的收入流。同样的通信网络甚至能够显著提高回收项目的参与率和效率。

但这并不是全部。

狄龙表示，该公司意识到自己拥有一项"宝贵资产"：因为这些垃圾桶"恰好位于人们所在的位置"，公司的工程团队开始考虑城市的一个核心需求，并且发现公司可以更好地利用已有的无线通信能力。基于物联网的"智慧城市"服务的快速增长，他们现在正与主办城市合作，增加免费的Wi-Fi（无线网络通信技术）热点、引导行人的物联网信标，以及探测周围天气状况的传感器等服务。由于大胃王太阳能公司的插座只放置在特定位置而不是内置，所以，安装新功能简单快捷，不需要布线。他们可以添加先进的小型蜂窝网络技术来应对经常出现的带宽不足问题，甚至为网络服务不足的居民区提供Wi-Fi。

大胃王太阳能公司还决定提供一个开放的API（应用程序接口），聪明的人会发现该公司数据在其他方面的用途。

难怪大胃王太阳能公司的网站上说自己是"一个部署在公共道路上的平台，提供的不仅仅是智能垃圾与回收。除了使核心的城市服务现代化之外,还最适合承载其他技术。并且易于访问,能将技术隐藏在显而易见的地方"。

这里蕴含的底层逻辑是:假如如此毫不起眼且无处不在的城市垃圾桶也可以改造成一个减少垃圾-回收收集-市政通信枢纽"三位一体"的系统的话,想象一下:如果我们重新审视每一种传统产品和每一个管理体系,并且找出借助物联网而使它们变得"智能"的办法的话,会发生什么?

物联网的概念是,从装配线上的传感器,到居民家中普通的灯泡,到偏远雨林中的树木,到牧场上的奶牛,等等,所有这些物体,我们都可以给它们取一个独特的名字,然后通过互联网或当地的有线或无线网络,使它们与其他物体连接起来。物联网的概念为我们创造了这样一种能力:揭示和使用以前无法访问的、涉及人造的和自然的物体的信息。物联网使得制造商和其他人能够实时地从设备上收集数据,对其进行解释和操作——这些事情,过去不可能做到,将来一切却都会改变。它的好处包括诸多方面,从成本更低、速度更快、维护更容易,到生产效率更高,再到推出能使客户满意并创造新的收入流的产品设计。

但是,如果我们意识到在每个需要数据的人之间共享实时数据的真正意义,那么,简洁、高效的产品与服务,还只是物联网功能的皮毛。

本书的一个重要主题,也是一个不被众人所理解的主题是:物联网甚至可以让你放弃过时的层级结构和线性流程。它使全新的循环管理模式成为可能,这在数据有限的时代是不可能实现的。

这种新的管理模式将提高运营效率，激发创新，促进合作。这是因为，组织中需要访问实时数据以做出更好决策或者更有效地工作的每个人，都可以立即共享这些数据。

《循环式增长》将概述实施物联网战略所需的一些主要技术，并详细说明即将变革的关键领域，如制造、维护、设计等。或许更重要的是，本书将向你介绍，要充分利用物联网的潜力来改革公司的方方面面及思维方式，你首先必须彻底转变态度。

为了更好地理解物联网的潜力，请考虑以下示例。你可能会注意到，因为物联网基于准确的、实时的信息，这些信息涉及物体的实际运行方式，而且以前是不可用的，所以，物联网与过去必须解决信息缺口和不相关物体的做法不同。与过去的商业模式相比，这简直是天壤之别。

过去，汽车保险公司不得不根据诸如信用报告（用行业术语来说，就是"穷困时开车的罪恶感"）或者青少年成绩单等代理指标来拼凑保险报价。现在，前进保险公司（Progressive Insurance）可以根据你的实际驾驶行为数据提供准确的报价，因为它会先给你发送一个"快照"装置，将这个装置插入你的汽车仪表盘上的诊断插槽，在一个月的时间内监测你的驾驶情况。如果你是一名安全行驶的司机，随机拍下来的快照可以为你赢得折扣。各保险公司正通过监测建筑系统的实时数据，将同样的方法推广到建筑保险领域。

卡迪（Kardia）是一种微型的金属装置，可安装在智能手机的背面，成本不到100美元。它可以在30秒内获得美国食品药品监督管理局（FDA）批准的准确心电图，这可与1万美元的住院手术相媲美。如果你愿意，卡迪还能自动为你联系心脏病专家，专家可通过智能手机在线给出专业的医学建议。事实上，一些在期刊上发表的文章已经表明，卡迪的结果实际上比昂贵的入院治疗更有价值，因为它是在你活动时而不是平躺在医院里获取心脏健康数据的，你可以对它们加以注释，并立即与你的医生共享。著名的麻省总医院的一位心脏病专家，现在就在线给每位病人开具这些装置的"处方"。[①]

如今，通用电气在每个喷气式发动机中都安装了50~60个传感器，并利用来自传感器的实时数据（单个波音787航班就能产生0.5TB[②]的数据）及早发现可能出现的问题，以便准备好飞机在下次着陆时随时所需的零部件和备用发动机。这种创新被称为"预测性维护"，可以避免更昂贵的紧急维修和可能发生的灾难性事故。同样重要的是，作为物联网真正变革性质的证明，制造商和航空公司都会从中受益：如果某家航空公司选择了这种特定服务，通用电气将发送实时数据，这些数据可以结合天气数据和其他数据流来节约飞行成本、提升飞行绩效。航空公司交纳一定的订阅费用，这也有助于提高制造商的收入。这与过去那种草率的

---

① 资料来源："Clinical Research From HRS Validates AliveCor Delivers Value-Based Care for Heart Health," *AliveCor* (news release), May 12, 2016. https：//www.alivecor.com/en/press/press_release/clinical-research-from-hr-validates/.

② 数据容量单位。由于计算机采用二进制，因此操作系统中对容量的计算是以每1 024为一进制的，每1 024字节为1KB，每1 024KB为1MB，每1 024MB为1GB，每1 024GB为1TB。——译者注

维护大相径庭。

在这些例子以及其他无数的例子中，各公司能够基于可使用的海量实时数据，对其运营的方方面面进行彻底的改革，而其他许多使用者则可以从共享数据中获益。

过去10多年发展的多种技术的融合，使得物联网成为可能，它们包括：

- 低成本和低功耗的传感器借助有线或者（日益普遍的）无线方式来检测并报告越来越多的实时数据，从婴儿的心跳到喷气式涡轮发动机的转速。如今，通过另一项创新（即3D打印技术），出现了只有一粒沙子大小的锂电池和头发丝一样细的传感器。而最近的一项新的突破能使用户免费收集周围的"反向散射"声音来为他们的设备供电。
- 执行元件在没有人工干预的情况下根据这些数据对装配线和产品操作进行微调。
- 互联网命名法的改变，使为无数的各类物体，更准确地说，是 3.4×10^{38} 个物体——比地球上的沙粒总数还要多——提供独特的互联网地址成为可能。
- 数十亿的移动设备为物联网发展提供了沃土——到2020年，移动设备的数量将达到116亿。[①]

---

① 资料来源："The Rise of Mobile：11.6 Billion Mobile-Connected Devices By 2020," *Mobile Future*, February 4, 2016. http：//mobile future.org/the-rise-of-mobile-11-6-billion-mobile-connecteddevices-by-2020/.

- 云存储的扩展，允许人们随时访问海量数据，同时在某些情况下还可以大幅降低云存储的价格。
- 复杂数据分析工具的开发使得我们几乎可以实时分析这些传感器产生的海量数据，并且能够以外行人可以理解的方式将其可视化。

有些人把物联网称为"计算3.0时代"（前两个时代分别是大型机时代以及个人电脑和互联网时代）。未来10年，物联网或将改变商业的各个方面，并帮助企业各级员工。物联网将会：

- 精简和集成供应链、制造与分销等各方，因为所有各方都能立即共享实时的制造数据，以实现供应和分销的自动化。这将在减少浪费和提高效率的同时使业务的方方面面都达到空前的精确。
- 改进决策，因为你将不再完全依赖于零碎的历史数据。各部门可以同时分析和处理数据，而不是按先后顺序进行。
- 通过向客户销售实时数据来创造新的收入流，帮助优化运营效率。许多产品现在可以作为服务来销售，这对制造商和客户都有好处。
- 改进并加快产品设计，因为你将获得关于客户实际上怎样使用你公司的产品的实时数据。
- 通过大规模定制、AR（增强现实）技术和3D打印等创新来使客户满意。实际上，客户可能是这个过程的最后一步，他们个人的选择将决定产品运作的关键方面。

请记住，这些只是引入物联网初期的好处，接下来，我们将进行更彻底的管理变革，这些变革可能会催生出循环式组织。

物联网对经济的影响将是深远的。

2013年，当物联网刚刚站稳脚跟时，预计仅工业应用就能为全球企业创造6 130亿美元的利润。①朱尼普研究公司（Juniper Research）当时预测，到2021年，全球的联网设备、传感器和执行元件等的产值将超过460亿美元。②2017年，国际战略市场研究和咨询服务提供商Research Nester预计，到2023年，上述市场的全球市场规模将达7 242亿美元，2016—2023年全球复合年增长率（CAGR）将达13.2%。③

通用电气全力投入发展物联网，并用营销术语"工业互联网"（Industrial Internet）来描述其举措。通用电气预测："如果工业互联网节约的成本和提高的效率能够将美国的生产率增长提升1～1.5个百分点，那么经济增长带来的效益将是巨大的，有可能

---

① 资料来源：Joseph Bradley, Jeff Loucks, James Macaulay, and Andy Noronha, "Internet of Everything (IoE) Value Index：How Much Value Are Private-Sector Firms Capturing from IoE in 2013?" *Cisco*, 2013. https：//www.cisco.com/c/dam/en_us/about/ac79/docs/innov/IoE-Value_Index_White-Paper.pdf.

② 资料来源："The Internet of Things：Consumer, Industrial & Public Services 2016‐2021," *Juniper Research*, December 14, 2016. https：//www.juniperresearch.com/researchstore/iot-m2m/internet-of-things/consumer-industrial-public-services.

③ 资料来源："Internet of Things (IoT) Market：Global Demand, Growth Analysis & Opportunity Outlook 2023," *Research Nester*, October 3, 2017. https：//www.researchnester.com/reports/internet-of-things-iot-market-global-demand-growthanalysis-opportunity-outlook-2023/216.

转化为目前人均国内生产总值（GDP）的25%~40%。"①本书将用一整章来详细介绍通用电气及其欧洲的竞争对手西门子（两者都是物联网服务的主要供应商），如何通过将物联网应用于自身的战略和运营，来证明它们对物联网变革潜力的主张。高德纳咨询公司（Gartner）现在将物联网置于其著名的"技术成熟度曲线"（hype cycle）的顶峰，并表示，物联网正"成为我们客户、合作伙伴的业务及其IT（信息技术）领域中充满活力的一部分"②。

虽然主流媒体仍然只是偶尔提及，而且更多的是提到研究问题而不是大多数重要企业的积极实施，但越来越多的领先企业和初创企业都在积极推行物联网战略。③这些策略能带来的效果有降低运营成本、增加收入和提升效率，以及使客户满意。在很多情况下，这些企业所做的事情在物联网及其理解和连接事物的能力出现之前根本不可能实现。

- 思爱普有限公司创建的原型自动售货机可以让零食公司根据顾客过去的购买习惯为其定制优惠策略，并且允许这些

---

① 资料来源：Peter Evans and Marco Annunziata, "Industrial Internet: Pushing the Boundaries of Minds and Machines," *General Electric*, 2012. http://www.geautomation.com/download/industrialinternet-pushing-boundaries-minds-and-machines.

② 资料来源：Gil Press, "It's Official: The Internet of Things Takes Over Big Data as the Most Hyped Technology," *Forbes*, August 18, 2014. https://www.forbes.com/sites/gilpress/2014/08/18/itsofficial-the-internet-of-things-takes-over-big-data-as-the-mosthyped-technology/.

③ 资料来源：The Economist Intelligence Unit, "The Internet of Things Business Index: A Quiet Revolution Gathers Pace," *Economist*, 2013. https://www.arm.com/files/pdf/EIU_Internet_Business_Index_WEB.PDF.

个人采用电子方式支付。此外，如果某台机器由于无法预见的情况（如海滩上的炎热天气）而出现运行故障，将自动使用同样的数据来改变送货卡车的路线，及时补充机器的库存，避免让顾客失望。所有这些，都不需要调度员来人工调度。这说明了物联网的一个关键方面，即广大用户可以实时共享数据，以不同的方式从中受益，而不必按顺序传递数据。

- 约翰·迪尔公司（John Deere）利用 FarmSight 技术创造了新的收入流，让客户对其感到满意。这项技术可以使农民精确地耕作，不必重复劳动，并且在正确的时间精准施肥。约翰·迪尔公司过去曾制造了满足各种不同要求的拖拉机发动机，现在，它提供了一个标准化的引擎，让每位用户可以通过软件选择要使用的配置。

- 电动汽车制造商特斯拉（Tesla）曾面临一个严重的问题，一个可能导致汽车起火的设计问题。解决方案是什么？特斯拉没有给车主发通知召回车辆（这意味着需要车主到店进行维修或更换，这很不方便，而且非常耗时），而是通过对每辆车进行一个晚上的自动软件升级，解决了这个问题。

- 智能家居设备公司 Nest 等初创企业正在重新开发恒温器和门锁等传统产品，打造物联网功能，在帮助消费者省钱的同时提升满意度。而 Ambient Devices 等另一些公司则推出了全新的产品，比如 Orb（一种发光的磨砂玻璃球），这是一款颇具吸引力的桌面装饰产品，它的功能有很多，包括减少公司用电量，追踪股票价格，等等。
- 立陶宛的一家初创公司推出了一款女鞋，消费者只需在智能手机的App（应用程序）上点击一个新图案，就能立即改变其外观。

这些只是物联网怎样优化业务流程和改善客户关系的众多例子中的几个。物联网最终将改变我们与产品的根本关系，它们会与我们"交谈"，其传感器持续监测自身的状态，并且立即向制造商和客户报告数据。

这些实时数据将揭示产品和流程的一系列可能性，而我们现在还不可能清楚地看出这些可能性，但是得益于物联网的发展，我们将能够克服我称为"集体失明"（Collective Blindness）的文字和形象视觉的限制。

集体失明

我们事先很难想象这种转型将有多么深刻，但我们必须尝试，因为物联网的实际力量并不只是来自赋能技术（enabling technology），而且还来自学会重新思考物质世界，同时还要反思：由于这股新的信息流，我们该如何与物质世界联系。

技术专家杰弗里·康克林（Jeffrey Conklin）曾写过一些"邪恶的问题"，之所以称其"邪恶"，是因为它们极其复杂，在找到解决方案之前，人们甚至不知道或者不了解它们的细节。[①] 如果我们人类一直存在某个邪恶问题——一种我们称为"集体失明"的普遍的人类"疾病"，其症状是我们人类根本无法看清楚物质世界到底发生了什么，会是怎样的情形？我们只能看到这些物体的表面，却无法理解它们的内部状况和实际运行，几千年来，我们只是想出了一些应对机制来解决无法窥视事物内部的问题，而我们就把这当成了现实。

集体失明是人类全面从事各种活动的巨大障碍。但我们当然无法量化这个问题的影响，因为我们甚至不知道它的存在。

事实上，集体失明已经成为现实，因为我们日常生活中的广大领域是不可知的，我们已经将这些限制作为现实的条件而加以接受。

例如，在企业场景中：

- 由于金属疲劳，我们不知道机器的关键部件什么时候会发生故障。
- 我们不知道装配线的运行效率有多高，也无从知晓怎样通过改变某台机器的触发条件来充分优化装配线的性能。
- 我们无法判断某辆运货卡车是否或者何时会被堵在车流中，以及堵车时间有多长。
- 我们无法确切地分辨什么时候需要从供应商那里进货（说实话，我们过去所谓的"准时制"与我们未来能做的事情相比，是完全不精确的）。供应商也不知道，为了做好准

[①] 资料来源：Jeffrey Conklin, *Dialogue Mapping: Building Shared Understanding of Wicked Problems*, p. x. Wiley, 2006.

备，什么时候该进行新的生产。
- 我们无法分辨，一旦客户进入这个领域，他们实际上会如何使用我们的产品，或者，我们也无法帮助这些客户调整运营，使之更加高效。

如今，这些全都在变。

"集体失明"这个邪恶的问题即将消失，因为物联网解决了它，为我们提供了关于物体内部正在发生什么的实时信息。举例来讲，在一次飞行中，飞机上的一个喷气式涡轮发动机就能产生0.5 TB的数据。

物联网将影响和改善企业的方方面面，因为它将使我们消除所有由"集体失明"导致的盲点，实现高效，并洞悉以前不可能获得的见解。

思科公司（Cisco）不但重点关注物联网的赋能技术，还着重关注它将解决的管理问题，理解"集体失明"的概念。它将以前不透明的和未连接的东西称为"暗资产"（dark assets），并表示："我们面临的挑战在于不知道哪些暗资产（未连接的物体）可以点亮（连接），然后捕获、分析和使用生成的数据，以提高效率，同时更加智能地工作。"[①]

---

① 资料来源："Improve Efficiency and Work Smarter by Lighting up Dark Assets," *Connected Futures,* March, 2015. http：//www.connectedfuturesmag.com/a/S15A9/improve-efficiency-andwork-smarter-by-lighting-up-dark-assets/?utm_source=tw&utm_medium=twt&utm_campaign=gr_242015_c#.WfiPGltKsWo.

针对"集体失明",美国参数技术公司(PTC)创造了最严格意义上的治愈方法:Vuforia。这是一个增强现实系统,操作员或修理员戴上一个增强现实的头戴式视图器后,首先察看卡特彼勒公司(Caterpillar)生产的发电机的外观,然后观看系统的分解视图,该视图将发电机的每个部位以及它们如何连接都展示出来,同时监测各组件的实时性能数据,这些数据由机器上的传感器收集得来。此外,其他有需要的人也可以实时共享这种细致入微的信息。

"巨大的大脑"

尽管这些例子目前非常引人关注,但与专家预测的未来几年物联网普及后可能出现的情况相比,这些例子仍显得苍白无力。专家预言,随着组件的成本进一步下降,支持的基础设施将变得更加可靠和低廉,也许最重要的是,我们将开始从不同的角度来思考问题。于是,我们可以信心十足地预测交通堵塞将会何时结束,预料用户可定制的产品将会何时出现,并且预言无缝衔接的精确的供应链、制造和分销循环将会问世。

"网络效应"(network effect)现象也会出现。

"网络效应"是罗伯特·梅特卡夫(Robert Metcalfe)提出的概念,认为任何网络的价值都是其设备数量的平方。与物联网连接的设备越多,就越容易无缝地连接和集成它们,每台设备就会变得越有价值和越有帮助。正如布林约尔松(Brynjolfsson)和麦卡菲（McAfee）在另一种背景下所写的那样，这将引发"重组式创新"（recombinant innovation），即数字组件以新颖的方式不断重组："可能性不只是简单的相加，而是成倍增长。"[①]"网络效应"已经开始显现，特别是像"如果这样，那就那样"网站（IFTTT）表述的那样，在"网络效应"之中，各种各样的物联网设备和其他源头的设备将越来越多地通过"菜谱"汇集在一起，在"菜谱"中，诸如天气变化或者离开工作场所等动作，会触发多个设备同时应答。

当"网络效应"完全实现时，地球实际上就会变成尼古拉·特斯拉在这一章开头的引语中所描绘的"巨大的大脑"，"所有物体都是一个真实而有节奏的整体中的粒子"[②]。当这种情况发生时，我们将看到，即使我们对物联网的经济影响得出最乐观的估计，也将被证明是保守的：我们会发现，设备之间的协同作用是无限的，这使得它们中的每一台都更加强大和高效。

企业的方方面面都会受益

你现在就需要了解物联网，而不是等到它已经变得司空见惯了的时候再来了解。这是因为，能够基于全面的、实时的信息做

[①] 资料来源：Erik Brynjolfsson and Andrew McAfee, *The Second Machine Age: Work, Progress and Prosperity in a Time of Brilliant Technologies*, New York: Norton, 2014, p.79.

[②] 资料来源：Kennedy, *op.cit.*

出决策，而不是根据猜测和有限的历史数据来决策，将改善企业的方方面面（这些好处将在后面的章节中深入探讨）。

- 装配线精度和产品质量达到前所未有的水平。工人和管理人员将从产品本身和装配线中获得实时数据。供应链、工厂车间和分销网络将实现史无前例的整合，这是因为，如果管理层允许的话，所有这些工人和职能部门将有可能同时共享关于装配线上实际情况的实时数据。
- 大幅降低维护成本和产品故障率。物联网使我们可以"看见"产品内部，并且检测出金属疲劳等问题。预测性维护将在产品出现故障或需要紧急维修之前很早进行，这些信息随后反馈到设计过程中，以修改产品设计，避免同样的问题再次发生。正如人们打趣时说的那样："既然列车可以自己维护，为什么还要安排人去维护呢？"
- 提高客户的满意度和忠诚度。产品将设计出用于为客户提供定制的机会（通过软件配置而不是硬件配置来定制），并且通过软件升级而不是彻底替换来更新换代。
- 改进决策。这将在组织内部和重要贡献者之间发生，比如供应链和分销合作伙伴（甚至可能直接涉及客户），因为每个需要关于设备状态实时数据的人都可以共享这些数据，并且即时共享。这将在公司内部打破信息孤岛的状况，促进各部门之间的连续协作，如产品设计、制造和销售等部门。过去，这些部门的信息相互隔绝，但决策总是相互影响，这降低了效率，而且部门与部门之间会相互窃取对方的见解。

- 创造新的商业模式和收入流。制造商将越来越多地从仅仅销售产品转而为客户提供服务，不是产品一经推出就结束与客户的关系，而是帮助客户更有效、更经济、更安全地使用产品。在这个过程中，制造商也将为自己创造新的收入流。
- 彻底改革管理。我们当前层级的和线性的管理风格是一些逻辑的应对机制，在这种管理风格刚刚诞生的时代，收集关于物体及其运行的数据十分困难，也很难共享数据。向什么人以及在什么时候提供哪些信息，由管理层决定。

最引人注目的是，这些因素将结合在一起，使得我们可以转向新的循环管理结构，这些结构将企业的所有部分（包括供应商、分销网络和客户）连接在一个以实时数据为中心的连续循环之中。物联网将给企业带来怎样的根本性变革，再怎么强调都不过分，因为它使以前难以理解的东西变得清晰可见和能够理解。

正如一个欧洲研究小组在一项分析中指出的那样："想象一下，在智能空间中运行的物体具有身份和虚拟人格，它们使用智能接口，在社会、环境和用户的背景中进行连接和通信。"①

---

① 资料来源：IEEE Internet of Things, "Towards a definition of the Internet of Things (IoT)," *IEEE*, May 13, 2015. http: //iot.ieee.org/images/files/pdf/IEEE_IoT_Towards_Definition_Internet_of_Things_Issue1_14MAY15.pdf.

是的,想象一下这意味着什么!

这需要新技术,同样重要的是,需要我们的态度发生重大转变,以便更广泛地思考,并且充分利用这一新发现的信息。

一旦消除了"集体失明",我们无法预见自己能够取得多大的改进,因为改进的幅度实在是太大了。只有当数据开始流动时(就像以前的设备在"无声"地报告它们的状态一样),也只有当我们监测的设备与其他设备互相通信甚至相互控制时,我们才能解释这些数据,并且对其采取行动。只有到那时,我们才会开始意识到,那些我们之前认为彼此独立、彼此隔离的设备,实际上是如何相互作用、相互增强效用的;也只有到那时,我们才能够而且必须围绕这些数据来组织我们的企业。

大多数公司没有物联网战略

尽管通用电气、约翰·迪尔和联合太平洋(Union Pacific)等头部企业已经在利用物联网重塑业务,但现实是,大多数企业甚至尚未着手制定物联网战略。几乎没有人意识到,仅仅通过优化各种现有业务和采用早期的物联网技术,就能轻松收获一些效益,更不用说当物联网完全发挥效用时可以实现的全面转型了。

2014年,凯捷咨询公司(Capgemini Consulting)发表了一份名为《物联网:组织机构准备好获得数万亿美元奖赏了吗?》(*The Internet of Things*:*Are Organizations Ready for a Multi-Trillion Dollar Prize*)的报告,指出在参与研究的公司中,42%的公司没

有建立任何的物联网服务。该报告最后对那些犹豫不决的人发出了严重警告：

> 物联网代表着数字世界的下一波大发展。敏锐的初创公司和互联网企业能够迅速抓住物联网的机遇，这理应为规模更大的传统组织敲响警钟。分析师预计，初创公司将主导物联网市场，目前，预计50%的物联网解决方案将来自创办不到3年的初创公司。规模较大的公司可能不那么灵活，但需要采取行动。就像处于混乱的数字中一样，假如组织在物联网方面落后于人，被迫处于追赶模式，将非常艰难。[①]

享受物联网的好处——不要成为受害者

本书旨在帮助各企业避免被物联网边缘化，转而乐享物联网带来的各种好处。它将帮助个人辨别新的职业机会，使人们意识到如何添加相关的新技能和转变态度，以便充分利用这场革命。

你将了解到物联网基础技术的基本情况，还将了解到如何运用物联网设备的早期版本，以优化当前的运营。即使不对企业进行彻底的改革（比如重新设计带有传感器的产品），也能减少浪费

---

① 资料来源：Fredrick Gunnarsson, Johan Williamson, Jerome Buvat, Roopa Nambiar, Ashish Bisht, "The Internet of Things: Are Organizations Ready for a Multi-Trillion Dollar Prize?" Cap Gemini Digital Transformation Research Institute, 2015.

和提高效率，摊薄你之前在预测分析和其他大数据工具与基础设施上的成本。

然而，物联网这种具有变革意义的东西，需要的不仅仅是新技术，还得从根本上改革管理实践，或许更重要的是改变管理层的态度，以充分发挥这种新的能力，创造性地学习和利用各种事物。例如，管理层过去对数据实行严格的分级访问，部分原因是技术限制，使这些信息无法同时共享，只是打印到了纸上并且进行编辑。只有在这些时候，经理们才会把他们认为相关的信息传递给那些他们认为需要的人。难怪那时的经理如此强势。

现在，这些限制都将被消除。与所有需要信息以提高工作效率的人们共享同步、实时的信息，完全是可行的：公司的整个劳动力、供应链、分销网络，甚至客户，都可以与之共享信息。但是，管理层会愿意放弃对数据及其使用权的控制吗？他们将如何重组公司的层级结构和决策程序？他们会抛弃传统的层级制度吗？

开始转型

在物联网普及并充分发挥其变革潜力之前，我们还必须降低物联网组件的价格、尺寸和功率。然而，像通用电气和约翰·迪尔这样精明的公司，如今正通过降低运营成本和提高效率，在创造新的收入流的同时率先转型为物联网公司，以赢得竞争优势。

自我评估

1. 你过去是否因为无法实时了解你的产品在该领域的实际运营情况而受到限制?这是否增加了你的成本,尤其是维护成本?是否减缓了产品升级效率?
2. 你认为能够实时获取和共享这些数据,会给你带来什么好处?
3. 你知道你们公司的物联网隐私和安全措施是什么吗?它们可靠吗?它们是迭代的吗?你们公司是否参与了行业范围内的任何一种物联网战略联盟?
4. 你的公司是不是还在囤积数据,不和供应链、分销网络或客户共享数据?你有没有着手制订共享这些数据的具体计划?你认为共享数据会给你带来什么好处?
5. 你的公司过去的流程是线性的吗?现在你要将其转变成循环的吗?你预计能够收获什么样的效益?
6. 你是否打算重新考虑你的产品及其在公司中的角色?你会用推销服务来代替销售产品吗?这会提升客户满意度吗?

| 第二章 |

物联网的基本真理

你还记得吗？20世纪90年代中期流传着一个故事，讲的是公司高管们开始使用一个名为"电子邮件"的新奇工具，他们会让秘书把邮件内容打印出来，整齐地堆放在办公桌上。

不管是真是假，这个故事还有一个重要的寓意：你可以采用你能负担得起的所有新型物联网工具，但是，如果不从根本上转变自己的态度来充分利用它们，就无法深挖物联网的潜力。过去那些根深蒂固的态度，将干扰我们实施物联网的基本方面。受到这些障碍的阻碍，你可能对变革的潜力视而不见，因为它们就像是眼罩，甚至让你看不到这些潜力。

在对待物联网上，有4种需要转变的态度，我们称为"基本真理"：

1. 隐私和安全必须摆在首位。
2. 共享而不囤积数据。
3. 形成闭环。
4. 重新思考产品及其作用。

正如你将看到的，这些基本真理是互补的、协同的，所以同时采用它们中的几个或者全部采用，产生的累积效益远远大于单独采用它们中的某一个所产生的效益。

基本真理之一：隐私和安全必须摆在首位

不管你的物联网设备或服务有多酷，你如果不愿意把保护隐私和安全放在首位，就不配进入这个领域。

但是，这难道不是本末倒置吗？难道你不应当首先一心一意地制造你的设备，然后再去着重关注隐私和安全保护的措施吗？

上面那句话，是我几年前在一场可穿戴设备会议上听到的。当有人问及一家公司的总经理如何保护隐私和安全时，他眨巴着一双亮闪闪的眼睛恳求道："我们只是一家初创公司。等我们有了一个可行的样品时，就会着手解决隐私和安全问题。"

不是这样的，你没有那样的权利。

为什么呢？

消费者和企业的信心很难赢得，也很容易失去

这就是为什么。

回想20世纪80年代，我还是一名企业危机顾问，有些大公司在做了非常愚蠢的事情之后，邀请我去为它们重新树立公众信心。

失去信心的客户通常会表现得恐惧，和我一同工作的工程师却常常对这些恐惧不屑一顾，因为他们不以事实为依据。我必须耐心地解释，哪怕这些恐惧确实不是事实，也并不意味着它们在客户心中没有非常真实地存在过。用一句话概括就是：这些恐惧的客户，不会很快回来。

物联网更是如此。无论是与消费者还是企业客户打交道，物联网正在收集的那种实时数据（从个人医疗状况到装配线运营的数据），对他们来说都至关重要。如果由于隐私或安全保护的松懈而让坏人得到那些数据，那么你的物联网产品或服务不仅会被毁于一旦，还会让整个物联网概念都面临风险。公众和企业客户可能会对物联网"一棒子打死"，并且说："不，谢谢。"

我在这里所说的并不是假设的情形。媒体已经广泛报道过几项备受瞩目的物联网安全措施。其中一项由《连线》（*Wired*）杂志的一名愿意参与调查的记者和两名白帽黑客[①]策划。两名白帽黑客入侵了这名记者的吉普车的娱乐系统（顺便说一句，这突显了物联网的一个主要特性，即单个物联网设备在连接时变得更有价值和有更多功能，这也是一个重要的潜在问题。黑客可以通过另一台设备进入最关键的系统，比如这个例子中的汽车传动系统），然后，他们接管了吉普车的控制权，最后，当这名记者正以每小时接近100千米的速度行驶在州际公路上时，引擎突然间

---

① 白帽黑客（white hat hacker）是指白帽匿名者，又叫白帽子，是那些用自己的黑客技术来维护网络关系公平正义的黑客，通过测试网络和系统的性能来判定它们能够承受入侵的强弱程度。——译者注

熄火了。①

或者，下面讲的这件事会令所有父母感到恐惧。几年前，美国休斯敦的一对夫妇听到他们两岁孩子的卧室里传来一个响亮的声音，当父亲进入孩子房间时，听到一个操着东欧口音的男人对已经睡着的女宝宝说了些粗俗下流的话。不过，庆幸的是，他女儿当时睡着了，而且她还有听说障碍。原来，那位黑客已经控制了宝宝的婴儿监视器。尽管这位父亲采取了一些预防措施，比如在显示器上输入密码，但总部位于国外的该设备的制造商在安全预防措施方面走了捷径。具有讽刺意味的是，该设备制造商曾吹嘘，可以从世界上任何地方对目标进行远程监控。②

最可怕的是，2016年10月，位于美国新罕布什尔州的一家主机公司遭到分布式拒绝服务（DDoS）攻击。③黑客利用恶意软件"Mirai"感染了大量廉价的物联网设备，包括几乎没有采取保护措施的打印机、IP摄像头和婴儿监视器（比如它们的密码都是"admin"），还有的设备根本没有安全防护。未来10年，随着物联网的增长，如果黑客再次发起类似的攻击，哪怕只攻击一次，你能想象他能接管多少台物联网设备吗？数十亿台！

---

① 资料来源：Andy Greenberg, "Hackers Remotely Kill a Jeep on the Highway—With Me in It," *Wired*, July 2015. https：//www.wired.com/2015/07/hackers-remotely-kill-jeep-highway/.
② 资料来源：Kasmir Hill, "How A Creep Hacked a Baby Monitor to Say Lewd Things to a 2-Year-Old," *Forbes*, August 13, 2013. https：//www.forbes.com/sites/kashmirhill/2013/08/13/how-a-creep-hacked-a-baby-monitor-to-say-lewd-things-to-a-2-yearold/#79bbca43aad6.
③ 资料来源：Darrell Ethrington and Kate Conger, "Large DDoS attacks cause outages at Twitter, Spotify, and other sites," *TechCrunch*, October 21, 2016. https：//techcrunch.com/2016/10/21/many-sites-including-twitter-and-spotify-suffering-outage/.

这些事件，连同其他的物联网隐私和安全事件，清晰展示了使得物联网具有如此众多功能和如此强大的原理：多种设备可以相互连接，意味着对其中一台设备的攻击，可能影响其他所有设备。这充分证明，我们必须一方面把自己的设备的隐私和安全摆在首要的位置；另一方面，还必须与他人共同努力来减轻隐私和安全风险。本章稍后会就这个话题再做详细说明。

Shodan 搜索引擎

物联网易受攻击的程度可以从 Shodan 搜索引擎上得到证明。Shodan 自称是"物联网的搜索引擎"，有人称之为"互联网上最可怕的搜索引擎"。[①]

Shodan 利用了 web（万维网）结构的一个方面，可以使用多种过滤器来查询从路由器到网络摄像头等各种设备的 IP 地址（互联网协议地址，几乎每件"物体"的 IP 地址，都是物联网的关键工具）："根据曾经耗费数年时间调查摄像头安全的安全研究人员丹·滕特勒（Dan Tentler）的说法，'搜索的图像包括大麻种植园、银行密室、孩子、厨房、客厅、车库、前花园、后花园、滑雪场、游泳池、大学和其他学校、实验室，以及零售店收银机相机等的图像……'滕特勒告诉记者：'各个地方，各种物体的图像，只要能想到的，几乎都有。'"

该搜索引擎的访问者可以通过查询关键词来找到索引的设备，

[①] 资料来源：Dan Goldman, "Shodan: the Scariest Search Engine on the Internet," *CNN*, April 8, 2013. http://money.cnn.com/2013/04/08/technology/security/shodan/index.html.

有时还可以查询默认密码等信息。有一点值得反复强调：基于恶意软件感染物联网设备的分布式拒绝服务攻击，其潜在影响远远不像对个人用户的影响那么简单。

如果消费者正在做一个明智的决定，且这个明智的决定只影响到他们自己，也许我们可以把这件事搁一搁。但是，这两个条件都不成立。大多数消费者没有意识到购买不安全的物联网设备的后果。更糟的是，这么多不安全的设备，使得互联网对每个人都不安全。什么僵尸网络会使用易受攻击的网络摄像头来发起分布式拒绝服务攻击呢？什么恶意软件会利用不安全的网络摄像头来感染智能家居呢？当类似于Conficker B[①]这样的最早于2008年发现的恶意软件在2015年影响了警察随身携带的摄像头时，它不仅威胁到记录在案的警察活动的可靠性，还充当了攻击其他设备的传输载体。安全研究员斯科特·阿尔文（Scott Erven）告诉媒体："更大的问题不仅是个人隐私，还有物联网设备的安全性。当我们扩大这种连接性，进入影响公共安全和人类生命的医疗设备、汽车空间和关键基础设施的系统时，故障的后果比Shodan网络摄像头偷窥婴儿床这样令人震惊的事件还要严重。"[②]

[①] Conficker最早出现于2008年11月20日，是一种以微软的视窗操作系统为攻击目标的计算机蠕虫病毒，迄今已出现了A、B、C、E 4个版本。——译者注

[②] 资料来源：J. M. Porup, " 'Internet of Things' Security Is Hilariously Broken and Getting Worse," *Ars Technica*, January 23, 2016. https://arstechnica.com/information-technology/2016/01/how-to-search-the-internet-of-things-for-photos-of-sleepingbabies/.

设计安全

本章后面要讨论的另一个重要真理是"形成闭环",而不是使用传统的线性流程。但是,隐私和安全问题迫使我们在这里就要提到这个概念。

如今,无论你的隐私和安全措施做得多么严密,你都不能大意:保密的过程必须是迭代的、永无止境的,因为来自黑客的威胁在不断变化。物联网公司和政府监管机构越来越一致认为,我们迫切需要"设计安全"[1]。从一开始,安全就要成为物联网设备设计的一个不可或缺的部分,然后是迭代的过程,以确保随着挑战的变化,它仍然能够发挥作用。

通过设计来保护隐私和数据

欧盟承认隐私是一项基本人权,因此,在这一概念上,欧洲比美国走得更远。欧盟制作了一份优秀的报告,名为《通过设计保护隐私和数据——从政策到工程》(*Privacy and Data Protection by Design—from Policy to Engineering*),这也许是着手从设计环节来研发安全的最佳起点。[2]在这份报告中,作者首先对当前物联网产品与服务的隐私与安全保护现状进行了毫不留情的批评:

---

[1] 资料来源:European Union Agency for Network and Information Security, *Privacy and Data Protection by Design—from Policy to Engineering*, December 2014. https://www.enisa.europa.eu/publications/privacy-and-data-protection-by-design.

[2] 资料来源:欧盟网络和信息安全局(European Union Agency for Network and Information Security)。

我们注意到，传统工程方法在实现所需功能时，总体上忽略了隐私和数据保护的特性。这种无知是由开发人员和数据控制人员的认识和理解的局限性，以及缺少通过设计实现隐私保护的工具造成的。①

该报告还主张集成技术解决方案，并且提及组织流程和业务模型。这是一种很好的方法，可以让隐私、安全和技术相互加强而不是相互冲突。报告还告诉立法者和监管者，他们必须发挥积极作用，使得任何法规或标准都不会限制未来的创新。

该报告概述了"隐私增强技术"（Privacy-Enhancing Technologies，简写为PET）这个术语所涵盖的各种内容，比如加密、匿名通信协议、基于属性的凭证，以及专用数据库检索。该报告接着将这些工具和总体设计思路与公司保护隐私的法律义务联系起来，整合到设计策略中，这使开发人员可以很容易地选择满足需要的技术。报告还提醒开发人员要注意自己当前采用的方法的局限性，包括固有的局限性和由于目前策略与技术处于早期阶段而造成的局限。

最后，该报告就如何克服和减轻这些局限性提出了建议，并警告说："设计隐私是解决社会问题的一种技术方法。"②换句话说，它不可能是全部的答案。

随着物联网设备和服务在未来几年变得更加普及，确保物联

---

① 资料来源：欧盟网络和信息安全局。
② 资料来源：同上。

网的隐私和安全只会变得更加重要，但也会带来风险。你必须将自己在物联网上做的每一件事都作为一个核心事项加以考虑，并且不能局限于你自己的策略，而要积极参与物联网行业合作的隐私与安全举措，比如物联网安全基金会（IoT Security Foundation），因为物联网的合作性质需要同样协作的隐私和安全方法，同时也因为涉及该领域任何公司的丑闻都会威胁到公众对这一概念的总体信心。

各公司也有必要与政府机构合作制定制度，一方面阻止那些危害所有人信誉的坏人作恶，另一方面避免政府出台抑制物联网创新的规范性法规。到这本书出版之时，美国当局可能会在这方面做些什么还有待观察，尽管如此，我们还是看到，在奥巴马执政期间，联邦贸易委员会（FTC）与物联网行业启动了一个令人欣慰的合作监管发展流程。[①]

基本真理之二：共享而不囤积数据

不要因为你认为自己已经将隐私和安全作为物联网项目的首要任务而骄傲。第二个基本真理同样代表了人们在态度转变方面的一大挑战。它要求我们放弃自工业时代诞生以来就根植于企业

[①] 资料来源："Internet of Things: Privacy & Security in a Connected World," Federal Trade Commission, November 2013. https://www.ftc.gov/system/files/documents/reports/federal-trade-commission-staff-report-november-2013-workshop-entitled-internet-things-privacy/150127iotrpt.pdf.

战略中的信念，今天，我们必须共享而不囤积数据。

确切地讲，让我们回到1789年。在那个时候的英国，如果有人胆敢制订一项计划来促使进步的阿克莱特（Arkwright）纺纱厂走出国门，那将是违法的，因为这些纱厂给英国创造了巨大的经济优势。不过，没有人能阻止21岁的纺纱厂机械师萨姆·斯莱特（Sam Slater）记住这些计划，然后假扮成农场工人，订了一张前往美国的机票。他为什么要假扮成农场工人呢？因为技术熟练的机械师移民他国也是非法的。到了美国后，他在罗得岛的波塔基特建造了一座工厂，从而拉开了美国工业革命的大幕。

同样的一种针对信息的零和心态继续塑造着我们的商业战略，秉持这种心态的人们认为，你如果拥有专有知识，就是赢家；如果没有，那就是输家。我们这些在新英格兰的人还记得20世纪80年代短暂的"马萨诸塞奇迹"，当时，一大批公司通过制造如今已被遗忘的微型计算机而短暂繁荣起来，那些计算机拥有独立的操作系统，能够巧妙地让客户依赖这些操作系统。直到后来，开放的操作系统和个人电脑一举摧毁了它们。

反观物联网，共享物联网产生的实时数据对各方都有利。这是以太网发明者罗伯特·梅特卡夫发现的"网络效应"现象的一种变体：产品或服务的价值，随着用户数量的增加而成比例地增加。

事实上，"共享数据，而不是囤积数据"的必然结果是，我们必须学会习惯性地问：还有谁可能会使用这些数据？

例如，普拉特·惠特尼公司（Pratt & Whitney）现在每秒从其新型喷气式涡轮发动机上的5 000个传感器中收集多达10GB的数据，用于发现运行问题的最初迹象，以便进行成本更低、速度更快的"预测性维修"。①但还不止这些：他们还向航空公司客户提供收费数据，在帮助客户的同时创造了重要的新收入流。例如，亚航集团（AirAsia Group）利用这些数据来改变航线和优化空中交通流量，每年可节省高达1 000万美元的燃油成本。②

有时，共享物联网数据的好处完全是在公司内部实现的。思爱普公司制作了一个漂亮的物联网零食自动售货机，当顾客使用NFC（近场通信）功能时，它可以识别顾客的姓名，然后根据他们过去的购买记录，询问他们是否"想买以前买过的东西"。它甚至可以为薯条和饮料提供套餐折扣，并且介绍零食的营养信息。

这本身就是创新，但这家软件公司走得更远。自动售货机剩余库存的实时数据被发送到配送仓库，在那里，"机器对机器"处理将更新关于运货司机要给自动售货机补充什么货物的信息。如果整个系统检测到其中某台售货机的需求特别高，那么，司机的平板电脑就会将他引到那台售货机那儿，而无须人工干预。

以这种方式共享数据，有助于实现物联网的一种最重要的商业效益：从低效率的运营中挤出效益，并且以最高的精度运营。持续分析运营数据并且辨别偏差，将帮助你对流程进行持续调整，

---

① 资料来源：Bhoopathi Rapolu, "Internet Of Aircraft Things: An Industry Set To Be Transformed," *Aviation Week*, January 18, 2016. http: //aviationweek.com/connected-aerospace/internetaircraft-things-industry-set-be-transformed.

② 资料来源：Heather Clancy, "How GE Generates $1 Billion From Data," *Fortune*, October 10, 2014. http: //fortune.com/2014/10/10/ge-data-robotics-sensors/.

尽管这些调整有时候是微小的。①

共享物联网数据可以带来互利的一个最典型的例子就是IFTTT网站。在该网站上，越来越多的物联网设备制造商为其设备发布应用程序界面，包括那些没有任何技能的用户在内的所有用户，都可以使用这些应用程序界面来混合各种设备和命令。例如，到了睡觉的时间，你说"Alexa②，触发就寝时间"，亚马逊公司的Alexa就会关掉WeMo开关。这是两家不同公司的两台不同设备，它们形成一个强大的组合，使两者都具备了更多功能，而这一切却是由一个只想让生活变得更轻松的用户创建的！

或许最引人注目的是，公司共享物联网数据而不囤积数据，可以带来完全不同的好处。物联网影响实验室（IoTImpactLab）的克里斯·雷森德斯（Chris Rezendes）说，丹麦一家水泵制造商格兰富水泵公司（Grundfos）如今正将传感器放置到水泵之中。这些水泵安装在非洲农村地区的偏远水井里，放置了传感器后，当某台水泵出了故障并需要维修时，就可以发出通知（因为维修工人要花数天时间才能到达水泵所在的水井处）。格兰富水泵公司还公开了一些可用的数据以及一位聪明的当地居民发明的一款手机App，这使得离水井几千米远的村民可以先查看这些数据，确定了水泵在正常工作，再扛着沉重的水罐前往打水，从而避免在水

---

① 资料来源：Elvia Wallis, "Quench Your Thirst for Innovation with Smart Vending Machines," *SAP Blogs*, July 28, 2016. https://blogs.sap.com/2016/07/28/quench-your-thirst-for-innovation-withsmart-vending-machines/.
② Alexa是预装在亚马逊Echo内的个人虚拟助手，可以接收相应语音命令。——译者注

泵无法正常工作的时候前往而浪费精力。

顺便说一句,这是一个当你开始访问物联网数据时就会出现的现象。无论身在与非洲相隔遥远的丹麦城市比耶灵布罗(Bjerringbro)的格兰富水泵公司的工程师有多么聪明,他们都不可能研发这个App,因为他们的工作和生活经历与非洲村民太不一样了。而开放数据就可以利用许多用户的聪明才智和需求。或许,随着各公司开始测试"共享而不囤积数据"可以产生的效益,获取这种效益的最佳方式是在两个既符合公众需求又符合公司需要的开明的利己主义领域:参与合作的"智慧城市"和基于物联网的交通举措。它们将使你所在的社区成为一个更有吸引力和能够更高效率开展业务的场所,并且加快企业物流和员工通勤的速度。

由于愿意为了共同的利益而共享实时数据,智慧城市(即那些使用广泛的实时数据收集源,以便更好更经济地管理其运营和资源,并为各方面人士提供更大价值的城市)变得越来越可行和有效,而且成本越发低廉。

过去,市政当局受到各种因素的制约,这取决于他们自身以及他们为基础设施项目提供资金的有限税收和其他收入。今天,个人、公司和政府都参与其中,共享他们各自的数据。这通常是投资于智能设备以满足自身需求所带来的副作用。

- 哮喘患者只需在螺旋桨式的智能吸入器上吸一口气(如果他们愿意的话),就能成为卫生部门事实上的调查对象。

智能吸入器内置的全球定位系统（GPS）可以告知公共卫生部门患者所患疾病的准确位置到底在哪里，这样就可以识别和治疗哮喘的"高发区"。①
- 在与Waze②进行合作的城市，司机成为辅助的交通控制员。当他们报告有人跨车位停车或者发生了事故时，交通部门和警察会自动获得通知，这大大缩短了反应时间。③
- 在奥巴马政府2016年"智慧城市"竞赛中胜出的哥伦布市正在与商业卡车司机开展合作，合作事宜包括市区配送的实时调度、减少交通拥堵，以及一个州际卡车"排队"系统，该系统将整个地区的州际长途卡车连到一起来，加速卡车的抵达，以减少污染物排放。④

"物联网"是一项草根全球倡议，也是最具吸引力的智慧城市倡议之一，因为它不仅旨在改善城市服务，还着眼于将整个城市

---

① 资料来源："Waiting to Exhale：GPS Inhalers Identify Asthma Hotspots," *Propeller Health*, November 26, 2012. https：//www.propellerhealth.com/2012/11/26/governing-waiting-to-exhale-gpsinhalers-identify-asthma-hotspots/.

② Waze 是一个免费应用，可在苹果的设备以及基于谷歌安卓操作系统和微软的WP操作系统的设备上运行，目前用户已遍及全球约190个国家。Waze利用移动设备的GPS信息来获取有关路面交通流量的信息，从而向汽车驾驶员提供避免拥堵的行车路线。2013年6月12日，谷歌宣布收购Waze。——译者注

③ 资料来源：Nick Stockton, "Boston is Partnering with Waze to Make Its Roads Less of a Nightmare," *Wired*, February 20, 2015. https：//www.wired.com/2015/02/boston-partnering-wazemake-roads-less-nightmare/.

④ 资料来源：Katie Jackson, "Columbus Under Construction to Become America's First 'Smart City,'" *Fox News*, July 10, 2016. http：//www.foxnews.com/tech/2017/07/10/columbus-underconstruction-to-become-americas-first-smart-city.html.

变成一个物联网实验室，供城市机构、企业和居民免费使用，实现互利共赢。2015年7月，一个由10名阿姆斯特丹的技术活动人士组成的先锋团队在没有获得政府授权或支持的条件下推出了这项技术。在不到一个月的时间里，该团队仅用位于全城的10个LoRaWAN[①]（一种开放式网络协议）网关，就创建了一个全市范围的免费物联网数据网络，总成本不到1万美元。其他市民很快利用这个网络推出了更新颖的物联网举措，比如一项特别适合阿姆斯特丹的举措：紧急警报系统。该系统利用运河船只船壳上的传感器，一旦船只进水，立刻提醒船主，以便使船上人员迅速获救。随后，该团队在KickStarter网站上发起一场众筹活动，以制造更便宜的LoRaWAN网关（每个售价300欧元），并努力在全球范围内建立类似的网络。

在写作本书时，世界上已有数百个城市和城镇要么建立完成，要么正在努力建设物联网。

和转变对共享数据的态度同样重要的是高层管理人员围绕公司内部数据共享而制定政策，这是真正利用物联网的前景所必需的。

回想在运营方面几乎不收集数据、共享数据也同样困难的年代，高管人员在他们认为合适的时间和地点分发数据是有意义的，因为信息通常以线性方式分布，所以，一个部门会负责处理数据，然后将处理后的数据连同部门员工编辑和添加的内容交给下一个

[①] LoRaWAN不需要连接互联网，没有密码，移动设备订阅也是免费的，其系统具有低耗电、传输距离长和低带宽的特点。

部门。由于几乎所有数据都是历史数据，因此这在优化操作方面没什么价值。由定期记录机电仪表读数的低级别员工收集的运营数据少之又少，部门经理可能只在读数明显超出可接受范围的情况下才检查记录。在这种情况下，他们不可能"驾驭刻度盘"，使得微调的操作向精密操作转变。

相比之下，今天的物联网允许即时收集和共享实时数据，这些数据不仅来自装配线，还来自供应链、分销网络，甚至该领域的客户。这使得西门子在德国安贝格（Amburg）的"未来工厂"达到了惊人的99.9985%的质量标准。但是，前提是高管层允许每一个需要实时数据的人能够即时访问，无论他们在公司的运营中代表着什么级别。

选择权在你。

基本真理之三：形成闭环

过去的情况是，你把最后一台洗衣机从装配线上直接推上卡车，关上车门，然后与它及其最终的主人（你的客户）就失去了所有联系，直到你的客户再买一台新的洗衣机，或者打电话向你抱怨洗衣机的零部件坏了。一旦你的产品已经售出并投入使用，你真的不知道它们是如何工作的（或者是怎么出现故障的）。前面提到的集体失明的类比，很好地描述了这个问题。

你从客户那里获得的一点点反馈，也许扭曲了你的看法。因为客户很难和你进行沟通，所以，那些真正喜欢或讨厌你的产品并因此有足够动力与你联系的人,也许会过多地发声,让你以为他们就代表了广大用户。那么,那些可能代表绝大多数客户的中间派的情况怎样呢?更糟糕的是,你得到的有限信息只是传闻,而不是关于产品操作的特定数据。

过去,沟通是单向的、线性的,而且极其受限。

充分利用物联网的第三个关键的态度转变,也就是形成闭环,它与第二个关键态度转变密切相关,并且直接解决这个问题。那就是说,你不仅要与需要数据的每个人分享数据,以便做出更优化的决策,或者让他们更高效地完成工作任务,而且必须改变策略和程序,并且一定要让数据以循环的而不是线性的方式流动。

循环的数据流将帮助你获得关于产品实际工作方式的反馈,而且这种反馈既快速又准确。循环的数据流将促进升级,并通过不需要人工干预的自动化的"机器对机器"控制等工具,立即改进运营。

这与线性的、工业化的过去有着极大差别。

没有什么比亨利·福特(Henry Ford)设在2.6千米长、1.6千米宽的胭脂河(River Rouge)上的大型工厂更能概括那个时代了:铁矿石在这头,制造好的汽车从那头出来。当某个关键的零部件没能得到及时补充时,整个工厂就会频繁陷入闲置状态,而处于生产过程一端的工人,对另一端的工人在做什么几乎一无所知。[①]

[①] 资料来源:W. David Stephenson, "Data is the Hub: How the IoT and Circular Economy Build Profits," *Stephenson Blogs on the Internet of Things* (blog), November 2, 2015. http://www.stephensonstrategies.com/data-is-the-hub-how-the-iot-andcircular-economy-build-profits/.

相比之下，看看通用电气位于纽约州斯克内克塔迪（Schenectady）的杜拉森（Durathon）电池厂，通用电气在2016年退出电池业务后关闭了这家工厂。这提醒人们，在物联网尚未成熟时，也会有一些失败的开始。但是，这个例子仍然是有用的，因为它开创的基于物联网的创新，可以在其他地方复制。通用电气将传感器安装在杜拉森电池中，以监测它们实时工作的情况，这与本章前面提到的安装在格兰富水泵上的传感器类似，因为这些巨型电池被用作备用电源，可能在位于水泵一样偏远的发射塔上使用，维修人员也许需要几天时间才能赶到那里，所以，发射塔的所有者必须尽快得知即将出现的问题。①

通用电气不是在生产结束时安装传感器，而是一开始就安装。这为共享数据提供了另一种变化：在这种情况下，传感器不仅报告了电池实际的运行状态，还报告了在工厂中生产电池的复杂化学反应的状况。如此一来，通用电气的产品测试的实践并不会受到缺乏实时数据的影响（例如，从装配线上取出第 x 个产品并进行测试），而是可以监测每块电池在整个生产过程中的情况，以消除缺陷并确定所有电池在生产过程中完成了化学反应过程。

尽管电池工厂关闭了，但这些经验仍然鼓舞人心。

连续的循环数据流改变了我们设计、制造、服务甚至营销的方式，所有这些，都是因为我们首次拥有了一个连续的数据闭环。

---

① 顺便提一下，杜拉森和格兰富的例子表明了寻找创造性物联网解决方案的一个好策略：将其运用到制造和维修成本极高，而且一般位于难以到达的地方的设备上。从一级方程式赛车到海上石油钻井平台，物联网技术已经在充分发挥作用了。

其中的好处有：

- 产品设计。"通用电气公司采用快速发布精简产品、监测使用情况以及根据客户使用方式迅速变更设计等做法。这些做法遵循许多软件密集型互联网公司的'精益创业'风格。"通用电气公司负责全球软件业务的副总裁威廉·鲁赫（William Ruh）说，"我们将在3个月、6个月、9个月内完成这些产品。放在过去，这要花三年时间。"[1]卡特彼勒公司的设计流程也得到了优化，因为它第一次了解了重型设备在现场的实际使用情况。[2]
- 精准制造。西门子的"未来工厂"生产的产品达到99.9985%的高质量，一个主要原因是，真正的工厂类似于"智能工厂数字孪生：它代表一个生产系统……借助传感器、数据采集与监视控制系统（SCADA）、可编程逻辑控制（PLC）以及其他自动化设备与主要的可编程逻辑矩阵（PLM，这是西门子的专有软件）数据存储库完全连接。在这样的智能工厂里，生产过程中发生在车间里的所有事情都会被记录下来，相关

---

[1] 资料来源：Quentin Hardy, "G.E.'s 'Industrial Internet' Goes Big," *New York Times*, October 9, 2013. https：//bits.blogs.nytimes.com/2013/10/09/g-e-s-industrial-internet-goes-big/?_r=1.

[2] 资料来源：SC Digest Editorial Staff, "Physical Twins Provide Data Over Time That Allows Digital Version to Simulate and Optimize Performance, Among Other Benefits," *Supply Chain Digest*, August 30, 2017. http：//www.scdigest.com/ontarget/17-08-30-1.php?cid=12930.

事件会被直接或通过云推送回可编程逻辑矩阵系统"①。

- 预测性维护。物联网不再像过去那样定期安排维护（在过去，维护的时间间隔和科学一样，都是靠猜测的），而是根据产品的实际状态决定是否维护。在问题冒出了第一个迹象时就要安排维修，以防恶化。有了实际运营中的实时数据，维修工人事先就知道问题是什么（想象一下，如果将机器关闭，以保护机械，得花多少时间和经历多少次测试，才能诊断问题），同时能在自己进入维修现场之前就准备好更换的零部件。

- 销售服务而不是产品。由于喷气式发动机向地面发送的数据多得令人难以置信，涡轮制造商已经大胆地转向一种全新的营销策略。通用电气的"OnPoint"项目并不出售而是租赁发动机，这样一来，航空公司的成本取决于发动机产生的推力。这意味着，如果发动机静静地放在维修厂里，就不会产生收入，因此，制造厂商有着强大的动力来加快维修并降低维修成本。更好的情况是，正如前面提到的那样，涡轮发动机制造商也创造了新的收入来源：航空公司可以支付额外的费用来获取飞行数据，然后将这些数据与天气数据和燃料价格等变量结合起来，以最大限度地提高飞机的飞行效率。

---

① 资料来源：Zvi Feuer, "Smart Factory—The Factory of the Future," *Siemens PLM Community*, December 16, 2016. https://community.plm.automation.siemens.com/t5/Digital-Transformations/Smart-Factory-The-Factory-of-the-Future/ba-p/381717.

我们将在本书后面的内容中详细讨论所有这些优点。

不难想象，在不久的将来，各个公司都会意识到，要想实现精度的最大化，就必须与供应链、分销网络及客户共享实时数据，而这种连续的数据循环将意味着及时补充供应和分销。客户（如果他们选择加入的话）可能得到一些关于如何调整设备操作以获得最大效率和最低运营成本的实时建议。

基本真理之四：重新思考产品及其作用

第四个相互关联的物联网的基本真理是：重新思考产品及其作用。这方面的一个很典型的例子是喷气式涡轮发动机制造商转向租赁业务。因为制造商不再需要猜测客户是否喜欢以及怎样使用这个产品，也因为产品的设计和改进成为一个持续的过程，所以，通用电气和其他公司现在可以更快地推出升级产品，提升客户满意的程度。

如今，软件已成为产品的一个关键组件，特别是在维护和升级方面。特斯拉因悬架问题召回产品后的反应就是一个很好的例子。[1]正如《连线》讲述的那样：

---

[1] 资料来源：W. David Stephenson, "Why the Internet of Things Will Bring Fundamental Change: What Can You Do Now That You Couldn't Do Before?," *Stephenson Blogs on Internet of Things* (blog), August 12, 2014. http://www.stephensonstrategies.com/why-the-internet-of-things-will-bring-fundamental-changewhat-can-you-do-now-that-you-couldnt-do-before/.

"不用担心。"特斯拉官方说。后来,他们通过软件更新为29 222名车主完成了修复。更重要的是,这不是特斯拉第一次使用类似的更新来提高其汽车的性能。2013年,由于某些碰撞中出现的问题,公司改变了悬架设置,使汽车在高速行驶时获得更大的安全间隙。①

更好的是,升级是一夜之间自动完成的,不需要客户亲自到经销商那里去。

改变我们对产品的态度,意味着激动人心的突破,这在过去是不可想象的。考虑一下第一章中大胃王垃圾桶的例子,以及它们如何重新发明了一种传统的日常产品。此外,由于设计师们利用了物联网的颠覆性力量,使过去那些价格昂贵、体积庞大、必须安装在永久性设施中的产品,现在变得不但价格低廉,而且能够装在口袋里。

将基本真理付诸实践

不要低估你在摒弃旧有观念(比如线性流程)时将会面临的困难,那些是我们从19世纪的工业时代传承下来的,在我们的潜意识中根深蒂固,以至于我们甚至没有意识到它们在多大程度上

---

① 资料来源:Alex Brisbourne, "Tesla's Over-the-Air Fix: Best Example Yet of the Internet of Things?" *Wired*, February 2014. https://www.wired.com/insights/2014/02/teslas-air-fix-best-exampleyet-internet-things/.

塑造了我们的思维，限制了我们的视野和考虑其他选择的能力。然而，我们必须摒弃它们，这是因为，假如我们不接受物联网必需的新态度（也就是这里阐述的基本真理），将永远无法充分发挥物联网在提升客户满意度、提高生产精度和增加新收入流等方面的全部潜力。

自我评估

1. 你们公司有安全主管或安全人员吗？安全主管对公司的制度是有着更大的发言权，还是主要扮演技术员工和遵守制度的员工角色？
2. 你的隐私和安全制度是迭代的，还是很少升级？
3. 如果你已经在创建物联网产品或服务，隐私和安全的优先级是从一开始就予以考虑，还是在最后添加的？
4. 你的公司是否参加了任何行业范围内的隐私和安全协作组织？
5. 你的公司的资料是不是由高级管理人员严格控制？其他人是否只有在需要的时候才能访问它？
6. 你是否经常问："还有谁能从这些共享数据中获益？"你默认的立场是共享还是囤积数据？
7. 如果你正在制作物联网设备，你会通过与IFTTT共享它们的应用程序界面来使之增值吗？
8. 你是否参与过基于物联网的公私合作的智慧城市或交通项目？

9. 你是否经常检视你的流程，看看它们是不是线性的，并且最后在死胡同中终止？你能不能修改它们，使它们变成循环的，并且反馈实时数据，用于微调过程或启用"机器对机器"自我调节？

10. 你是不是用数字孪生来反映办公室里的产品或服务状况？你如何使用这些数据来创建产品增强功能或者转变成预测性维护？

11. 你有没有考虑过，物联网也许能让你将产品作为服务进行营销，并创造新的收入流？

| 第三章 |

消失的电脑

多年来，有远见的人们一直在描述类似物联网的可能性。

正如杰伊·纳什（Jay Nash）在1932年说过的那样："机械奴隶……启动我们的汽车，驾驶我们的摩托车，擦亮我们的鞋子。"双向腕式收音机首次出现在1946年的漫画《至爱神探》（*Dick Tracy*）中，这一奇特装置的重要性不可低估，在之后的许多年里，它都在启发着众多正在学校上学的未来工程师的想象力。[①]

大多数人一致认为，对物联网最有见地的和最准确的设想是施乐帕洛阿尔托研究中心（Xerox PARC）的科学家马克·威瑟（Mark Weiser）于1991年在《科学美国人》（*Scientific American*）上发表的一篇文章。他在文中的第一句话里概括了这一切："最深刻的技术是那些消失的技术。它们将自己编织进人们日常生活的肌理中，直到与日常生活难以区分为止。"[②]

威瑟接着描绘了这样一幅场景：有一天，电脑本身将"消失

[①] 资料来源：Postscapes网站，https：//www.postscapes.com/internet-of-things-history/.
[②] 资料来源：Mark Weiser, "The Computer for the 21st Century," *Scientific American*, September, 1991. http：//www.ubiq.com/hypertext/weiser/SciAmDraft3.html.

在背景板中"。他将电脑时代发生的事情与20世纪之交前后发生的事情进行了比较,从一个通过复杂的皮带和滑轮系统控制屋里所有设备的单一电机,发展到每台设备中独立的、越来越小的电机。同样地:

> 大多数参与了嵌入式虚拟的电脑,在事实上和隐喻中都将是不可见的。电灯开关、恒温器、音响和烤箱中的电脑已经帮助激活了这个世界。这些机器以及更多的机器将在一个无处不在的网络中相互连接。①

威瑟详细介绍了许多类似的设备,其中一些与如今的物联网设备类似,但有些从未成功。威瑟的结论是:"这一概念的真正力量并非源于这些设备中的任何一种,而是源于它们之间的相互作用。数百个处理器和显示器,并不是像鼠标和窗口那样的'用户界面',而只是一个愉快而有效地把事情做好的'地方'。"

在1991年时,这一场景在很大程度上只是梦想。

如今,这一场景在很大程度上已经是现实。

物联网先驱

当追溯物联网的发展历程时,我们需要记住的关键是,我们

---

① 资料来源:Mark Weiser, "The Computer for the 21st Century," *Scientific American*, September, 1991. http://www.ubiq.com/hypertext/weiser/SciAmDraft3.html.

曾经认为数字和实物是彼此孤立的，或许CAD-CAM（计算机辅助设计和计算机辅助制造）软件是例外，它被用在电脑上，以设计实物。如果说有什么不同的话，那就是我们聚焦的是数字如何取代许多实物（比如流媒体音乐），而且，我们有一种偏见：认为实物是过去的时代遗留下来的，而未来是数字化的、无形的。过去30年里发生的事情是，随着实体的、有形的东西越来越多地与数字联系在一起并与之互动，实物与数字之间的界线将会逐渐变得模糊。正是这两者的结合及其带来的好处，才是物联网的本质。

至于物联网设备本身，有许多可能被人们视为这个领域的先驱。[1]其中值得一提的是它们展示了如今到底有多少设备可以被归为物联网设备的范畴。这些设备包括大多数重要的物联网类别：商用设备、可穿戴设备和工业设备。这凸显了一个事实：这些都已发展成为我们生活与工作中的重要方面，而以前无法记录和控制这些方面，其结果是效率低下和缺少信息。

物联网用于商业用途的一个重要标志是交互式的可扫描的标签，如今，这些标签仍然是从库存控制到零售结账等各个环节的宝贵工具。最早的条形码可以追溯到1949年，当时，一位年轻的工程师在迈阿密的沙滩上写下了四行代码，并于1952年获得了第一个条形码的专利。随后，这些代码变成了通用产品代码

---

[1] 资料来源：Gil Press, "A Very Short History of the Internet of Things," *Forbes*, June 14, 2014. https://www.infosys.com/insights/services-being-digital/Documents/future-industrial-digital.pdf.

（universal product code，简写为UPC），于1974年6月26日在超市首次亮相。1999年，通用产品代码最终演变成麻省理工学院开发的射频识别（radio-frequency identification，简写为RFID）标签，这是一项真正的物联网技术，因为它允许通过互联网将物体连接起来［顺便提一句，射频识别中的自动识别中心主任凯文·阿什顿（Kevin Ashton）给物联网取了如今这个名字］。①

物联网设备先驱的另一个重要类别是可穿戴设备。可穿戴设备是通过充分运用新的通信能力发展而来的，人们运用新的通信能力来报告患者的医疗状况或者赋予他们更大的权利，不必将患者拴在设备上或者让患者被迫去医院或其他指定地方，也能对其身体功能和状况进行监测。第一批可穿戴设备出现在1955年，它提醒我们，物联网设备的运用，既可以十分荒谬，也可以极其崇高。爱德华·索普（Edward Thorp）的可穿戴电脑是一款模拟当今智能手机大小的电脑，专门用来预测如何在轮盘赌中获胜。1960年，可穿戴电脑与莫顿·海利格（Morton Heilig）的头戴式显示器相匹配，预示着今天的智能手机和注定要失败的谷歌眼镜等视觉显示器的诞生。

尤其值得注意的是，1967年，休伯特·厄普顿（Hubert Upton）推出一项发明，将两者结合了起来：一台可穿戴电脑和一个眼镜显示器，以帮助听力有障碍的人唇读。和后来的物联网设

---

① 资料来源：Gil Press, "A Very Short History of the Internet of Things," *Forbes*, June 14, 2014. https://www.infosys.com/insights/services-being-digital/Documents/future-industrial-digital.pdf.

备一样（比如用于帮助孤独症儿童交流的平板电脑，或者可以帮助瘫痪人士重新行走的动力外骨骼等），可穿戴设备一直承载着增强人类能力的希望。① 就像变形金刚一样。

值得注意的物联网设备先驱的最后一类涉及"机器对机器"的概念，即机器之间直接通信，在某些情况下，甚至实现机器之间的相互激活。"机器对机器"的前身是声呐和雷达，但真正开始于1968年，当时有两项截然不同的发明：明尼苏达州对狼的无线电跟踪，以及Metretek技术公司创始人西奥多·帕拉斯科斯（Theodore Paraskevakos）发明的来电显示技术。后来，他提出了"机器对机器"的概念，设计了可以远程读取的智能电表，使得用于电力行业的"智能电网"成为可能。②

然而，许多人认为，真正的物联网实际上始于人们对冰可乐的渴望。20世纪80年代初，卡内基梅隆大学的一群研究生在可乐机上安装了微型开关，将其与他们系的数字式程序数据处理机（PDP-10）相连，这样他们就能知道可乐机里有多少瓶可乐以及可乐是不是冰的。③

从那以后，我们走了很长一段路！

---

① 资料来源：Travis Andrews, "Robotics Are Helping Paralyzed People Walk Again, but the Price Tag Is Huge," *Washington Post*, June 12, 2017. https://www.washingtonpost.com/news/morning-mix/wp/2017/06/10/robotics-are-helping-paralyzedpeople-walk-again-but-the-price-tag-is-huge/?utm_term=.12f1cd671cce.
② 资料来源：John Kennedy, "The Machines Are Coming: How M2M Spawned the Internet of Things," *Silicon Republic*, May 18, 2016. https://www.siliconrepublic.com/machines/m2m-cuttingedge-machines-internet-of-things-explained
③ 资料来源：Press, *op.cit.*

必要的技术

物联网以拼凑的方式发展，从最初为广泛用途而开发的互补的但未经计划的赋能技术融合，到后来又凑巧走到了一起，这集中体现了物联网对共享和协作的着重强调。

这个累积的过程很重要，因为它意味着你不必在成熟的物联网系统上进行重大的前期投入。在制定全面的物联网战略之前，你可以开始对这些技术中的任何一项进行单独投资，并开始从每一项技术中获取利润。正如我们将看到的那样，这还意味着物联网可以很容易地适应新兴的和互补的技术，如人工智能（AI）和3D打印。

本章的其余内容将概述物联网的这些组成部分。重要的是，战略决策者尽管不应拘泥于技术细节，将自己的头脑弄得一片混乱，但是了解各种物联网工具的作用和好处，有助于自己制定策略，充分利用它们单个的和集体的能力。对于那些允许你将实物和数字有效融合起来以实现互惠互利的工具，尤其如此。我们的讨论并不是面面俱到。例如，我们没有讨论关键的物联网基础组成部分，如执行器和控制器等，而是重点讨论那些使物联网不同于以往技术的并且是战略决策重点的工具。

互联网

第一个也是最关键的组成部分当然是互联网本身，如果没有它，物联网不可能实现。互联网是从美国军方的阿帕网（ARPANET）发展而来的，美军在1983年采用了TCP/IP协议（传输控制协议/国际协议）。互联网不仅仅是无线通信和处理的支持技术，还激发了令人难以置信的多样化创新，这些创新的累积，使得物联网得以诞生，也在过去40年中催生了众多其他范式转变的发展。在物联网的案例中，互联网使得人们可以在任何地方连接设备，这极大地增强了广泛运用物联网的潜力。

在21世纪的首个10年，由于使用现有IPv4（互联网通信协议第四版）协议的IP地址供应面临枯竭的危险，人们不能确定互联网能否承担物联网产生的所有额外流量。当2006年IPv6（互联网通信协议第六版）协议的发布增大了潜在互联网IP地址的范围时，就在可预见的将来消除了这种威胁。它允许互联网地址长达128位，这使得创建最多达到340 282 366 920 938 463 463 374 607 431 768 211 456个不同的IP地址成为可能。

与此同时，重要的是要记住，许多物联网创新并不需要互联网。相反，它们依靠蓝牙、射频识别、近场通信或其他短程无线技术来传输数据。

移动设备

物联网设备先驱中的另一个关键类别是移动设备。到2020年，全球智能手机用户将达到61亿，首次超过固定电话用户。[①]

[①] 资料来源：Ingrid Lunden, "6.1B Smartphone Users Globally By 2020, Overtaking Basic Fixed Phone Subscriptions," *TechCrunch*, June 2, 2015. https：//techcrunch.com/2015/06/02/6-1b-smartphone-users-globally-by-2020-overtaking-basic-fixed-phonesubscriptions/.

智能手机、平板电脑，甚至智能手表的数量多到不计其数，再加上它们无处不在的特性，仅仅由于创造性模仿这种现象，就增加了它们控制的App和设备的数量：当聪明人（甚至是非技术人员）看到某个有效的物联网设备或App时，可以激励他们发明另一种满足完全不同需要的设备或服务。

因为商务人士经常携带自己的手机或其他消费设备，所以，将这些手机用于控制商业和工业物联网的过程，也很有意义，而不是花时间和成本去创建某个单一用途的设备来作为控制器。以前面提到的通用电气杜拉森电池厂为例，工厂经理拿着平板电脑四处走动，以实时监控关键的化学流程。另外，在某个周末，因为突然的天气变化而刮起的一场格外严重的风暴可能破坏电池的制作流程，但经理可以坐在家里，从他的平板电脑上监测现场的情况，调整空调通风系统的操作，以避免问题的发生。[①]

分析工具

另一项由于其他原因而开发的关键技术，也是对物联网至关重要的技术，是处理过去10年因非物联网设备数据爆炸式发展而产生的大量"大数据"所需的分析工具。你的最终的物联网计划应当从投资于数据分析和引进数据科学家开始，以监管大数据的情况，因为数据分析对有效的物联网战略极端重要。从传感器收集大量数据是一回事，但确定其重要性并让它驱动关键的流程，则是另一回事。

[①] 资料来源：通用电气能源存储部的前总经理普雷斯科特·洛根（Prescott Logan）的电子邮件，2018年3月8日。

约翰·罗斯曼（John Rossman）以前曾是亚马逊的高管，著有《亚马逊的物联网之道》（*The Amazon Way on IoT*）一书。他在书中说，你不能满足于收集大数据，必须坚持不懈地分析它。罗斯曼还指出，物联网将帮助你以前所未有的规模和程度收集有关业务的数据，但是，光有这些数据还不够。你得用模型、分析和算法来利用这些数据，从中获得启示。罗斯曼说：

> 你的运营可以为你提供更好的数据，这些数据能告诉你，组织内部发生了什么。有了这些数据，你就可以努力对流程形成一种程序化的理解，从而让你获得更多的启发和定义，以强化和重新创建这些流程。①

如果你的公司还没有投资于数据分析，你就一定要确保你投资的平台是可升级的。思科公司预测，到2020年，物联网每年将产生惊人的6ZB的数据！②然而，仅仅拥有大量可用的数据，并不意味着你就必须全部使用它们。马修·佩里（Matthew Perry）在《评估和选择物联网平台》一文中写道：

> 数据存储可能是所有工具中最关键的。购买更大的存储

---

① 资料来源：Thor Olavsrud, "10 Principles of a Successful IoT Strategy," *CIO*, January 30, 2017. https：//www.cio.com/article/3162995/internet-of-things/10-principles-of-a-successful-iot-strategy.html.

② 资料来源："VNI Global Fixed and Mobile Internet Traffic Forecasts," *Cisco*. https：//www.cisco.com/c/en/us/solutions/service-provider/visual-networking-index-vni/index.html.

容量似乎是显而易见的解决办法，但这是目光短浅的行为。以超出实际需要的数量级来存储数据字节，不但价格昂贵，而且存储方法可能很快会过时。

行业专家必须评估优先的数据流，并确定谁将在什么时候需要访问它们。①

回溯集体失明的问题，要特别注意的是，假如在你以前一无所知的地方突然出现实时数据，也许会导致你的数据分析进入高度专业的领域，这是你根本无法预见的。这可能需要专门的分析工具，需要你在员工队伍中补充经过培训的数据科学家，同时或许还需要你能抓住不可预见的机遇。

这种现象的一个典型例子是瑞士的AGT公司。它的"AI解说员"软件（本章后面的内容将更多地提到人工智能与物联网的结合）与安放在体育或娱乐场所的各种传感器相连接，那些传感器包括"覆盖运动员、教练、观众和远程观众的音视频设备和可穿戴设备"。"AI解说员"软件会实时解读这些数据，并添加人工智能组件来创造独特的内容，旨在提高观众的参与度。②

例如，在2016年的纽约时装周上，AGT公司分析了广泛

---

① 资料来源：Matthew Perry, "Evaluating and Choosing an IoT Platform," O'Reilly Media, 2016. https://www.ptc.com/en/resources/iot/white-paper/choosing-iot-platform.
② 资料来源："AI Commentator," *AGT*, last modified March 7, 2018. https://www.agtinternational.com/software-platforms/ai-commentator/.

的观众和模特数据，包括T台两旁观众的鼓掌、对话，以及模特的服装与动作，制作了数百个故事和视频，与之前的活动相比，内容覆盖面增大了4 700%。这似乎只是一种相当肤浅地运用物联网的方式，却替代了一些重要的经济部门（例如，AGT也服务于工业物联网和能源客户），其方法很可能成为利用实时数据和人工智能提供极有价值的服务的先驱。这将对你的公司有什么影响呢？①

与将人工智能等尖端技术加入物联网类似，我们有必要选择平台和其他工具，以帮助创建可随着其他补充技术的引入而迅速适应的流畅的物联网战略。

SlantRange公司是一个特别相关的例子。该公司创始人在成立公司之前，花了10年时间为军方无人机项目开发成像与分析系统。他们将这种专业知识应用到农业中，从另一项新兴的技术（即无人机）中收集数据。无人机配备了特殊的传感器，可以测量农作物的健康状况和生长情况，帮助农民优化产量。该方法将遥感与现场分析结合起来，并且充分利用从新的高速与可变速的种植设备、测量和调节浇水的传感器，以及收获时的监测器等设备中综合获得的精确数据，来生成以前无法获得的关于农作物整个生长周期的精确数据，甚至在偏远的种植区

---

① 资料来源：Rita L. Sallam, W. Roy Schulte, Gerald Van Hoy, Jim Hare, "Cool Vendors in Internet of Things Analytics," Gartner：May 11, 2016.

也是如此。①

有些时候，通过物联网收集非常简单的数据就足够了，比如使用射频识别标签来简化物流，使其能够辨别建筑设备的确切位置。这是在物联网问世之前无法获取的相当简单但又十分关键的数据。②

边缘计算

由于物联网数据的体量庞大，工程师们意识到，将所有这些数据发送到中央分析中心是没有意义的，尤其是因为很多数据不可避免地会重复（比如来自当前正在正常运行的装配线的数据）。毕竟，在大多数情况下，你真正感兴趣的是相对罕见的偏离常规的数据。边缘计算通过在"边缘"（靠近传感器或其他收集数据的设备）处理数据来应对这个问题。这减小了带宽需求，与此同时，在数据可能触发"机器对机器"设备动作的地方，确保了收集数据和对数据执行操作的间隙不会出现延时。

平台

对比一下家用录像系统（VHS）和BetaMax录像带格式，再对比一下DVD和蓝光光碟。这提醒我们，选择错误的平台，风险很

---

① 资料来源："SlantRange：powerful new information for agriculture." www.slantrange.com.
② 资料来源：Joe Biron and Jonathan Follett, Foundational Elements of an IoT Solution, O'Reilly Media, 2016, p. 47.

大。甚至在运用物联网的情况下，由于共享数据而不是囤积数据这一"基本真理"，即使你购买了不错的传感器，但假如这个平台的基础是专有技术或者将会被淘汰的技术，你也将无法充分发挥物联网的全部潜力，以令人惊叹的新组合来混合不可能合在一起的数据来源。

平台允许共享物联网数据。平台是中间的载体，介于从传感器和设备中获取数据以及将其转换为有价值的结果和行动之间。IoTIFY是一家传感器仿真平台公司，它提供了一份全面的标准清单，用以评估与之竞争的物联网平台是否足够可靠和灵活。标准清单中包括以下标准：

1. 可升级。
2. 带宽。
3. 协议（确保它不仅支持当前的MQTT和HTTP，而且还支持新兴的协议）。
4. 系统性能（例如触发响应传感器数据的动作需要多长时间）。
5. 安全。
6. 冗余和灾难恢复。
7. 混合云（例如这可以将关键任务数据的现场处理与其余的云处理结合起来）。
8. 解决方案生命周期（例如，若是你当前的供应商倒闭，它是否可以转移到其他供应商）。
9. 互操作性（因为关于数字共享的"基本真理"，所以这可能是最重要的——为了确保这一条,开源的标准越来越重要)。

10. 边缘智能。

与此相关的是,"物联网平台的未来正朝着分布式、离线、边缘智能的方向发展。随着设备变得越发强大,它们可以基于本地数据做出自主的决策,而不是将每个决策都交给云。这种方法要求物联网平台能够无缝地从云扩展到雾,甚至薄雾,支持用于分布式计算的新的拓扑"①。

因此,大多数领先的互联网基础设施公司都创建了强大的物联网平台,包括美国电话电报公司、亚马逊网络服务、通用电气(Predix)、IBM(Watson)、思科Jasper、西门子(MindSphere)、Libelium(Waspmote)和美国参数技术公司(ThingWorx)。

传感器

物联网的最后一个组成部分是与之最明确相关的,而不是一般意义上的数字化。它们是传感器,成本通常最低,也最不受管理层关注。传感器是构建物联网最关键的东西,所以,对它们有个基本的了解十分重要。传感器可以在许多地方安装,无论是在葡萄园里、人们的体内或体外、装配线上,还是在高速行驶的汽

---

① 资料来源:Wyatt Carlson, "10 IoT Platforms Changing How Companies Do Business," SDxCentral, May 29, 2017. https://www.sdxcentral.com/articles/news/10-iot-platforms-changing-howcompanies-do-business/2017/05/.

车上，都可以配置传感器，并且在那里进行关键的模数转换。

传感器将现实世界中不断变化的模拟信号（声级、热量、振动、金属疲劳、湿度或其他变量）转换成数字信号，然后传输给处理器，由处理器对这些信号进行量化、分析，最后进行处理。

随着微机电系统（MEMS）技术的价格变得越来越低廉，体积也越来越小，我们越发有可能向更多产品中添加传感器，并且给这些产品增添更多功能，而这种可能性还在急剧增大。同样重要的是，新的供电方式使得传感器更容易在难以更换电池的地方使用。例如，哈佛大学和伊利诺伊大学的研究人员已经运用3D打印技术制造出了一颗只有沙粒大小的锂离子电池。[1]

今天，传感器的数量和种类呈指数级增长，部分是由物联网驱动的。联合市场研究公司（AMR）在2018年做出预测，到2022年，全球传感器和执行器市场的年均复合增长率将达到11.3%，届时市场规模将达到2 410亿美元。这些传感器和执行器会触发针对传感器数据的"机器对机器"响应，以便自动地调整机器的操作，无须等待人工干预。该公司的报告指出，物联网、工业4.0和可穿戴设备将是关键的驱动因素。[2]

当物联网完全变成现实时，传感器将成为产品设计中的一个

---

[1] 资料来源："Researchers Use 3D-Printer to Make Tiny Batteries," *The Daily Fusion*, June 24, 2013. http: //dailyfusion.net/2013/06/researchers-use-3d-printer-to-make-tiny-batteries-11947/.

[2] 资料来源：Allied Market Research, "Global Sensor Market Forecast 2022: IoT and Wearables as Drivers," *I-Scoop*. https: //www.i-scoop.eu/global-sensor-market-forecast-2022/.

自动部分，从生产流程的最初环节就嵌入产品之中，使得它们不仅可以在销售后监测现场运行的情况，而且在它们自身还在装配线上时，也可能作为质量控制的一部分来发挥监测作用。

然而，对于某些制造商来说，如今开始实施物联网的理想方式是使用Augury公司开发的一款名叫Auguscope的无线手持设备，这种设备花费低，具有极大的节约成本的潜力。工人可以把它带到大楼里任何一个需要的地方，以分析传统的无传感器空调通风系统（HVAC system）怎样工作。接下来，工人将一个磁性传感器临时连接到机器上，数据就从Auguscope流向云，在云端分析声音是否与预先录制的正常声音有差异，如有差异，表明该设备需要进行维护。

与其他当成服务而非产品来推销的物联网产品一样，Augury公司采用的是"诊断即服务"模式：客户无须预付任何费用，而是按需付费。该公司希望这项技术最终能应用于洗衣机和烘干机等家用电器中。[①]

使用Auguscope是物联网发展的理想的第一步，因为它可以快速地支付，迅速带来底线收益，所以可能会吸引对此颇为怀疑的高管，他们或许愿意尝试更大胆的措施。

选择使用哪种传感器，涉及物联网产品或服务的生命周期、运营成本和易受攻击性等关键问题，包括：

[①] 资料来源：W. David Stephenson, "Sound's Emerging IoT role," *Stephenson Blogs on the Internet of Things*, March 7, 2017. http: //www.stephensonstrategies.com/sounds-emerging-iot-role/.

- 如果安装在昂贵而耐用的固定设备上，它们是否能覆盖设备的全部使用周期？
- 因为它们在制造时就考虑了经久耐用，但由于安全威胁的性质随着时间推移而发生变化，它们是否也可以通过新的固件轻松升级？
- 如果它们安装的地点偏远，维修人员难以前往维修，其电源消耗是否可以减至最低限度，或者，为它们提供电力的电池能否得到改进，以延长更换电池的间隔时间？

西班牙的Libelium公司是一家研发多种产品的初创公司，它提供了一个名为物联网市场（The IoT Marketplace）的一站式购物网站，该网站整合了从传感器到连接性的各种软件包，并且允许用户访问任何的云平台，从而简化了选择过程。一年后，该网站与41家合伙公司一道，提供了60个物联网套件，并且为9个垂直市场提供解决方案，这9个垂直市场是：城市、建筑、农业、环境、空气质量、水、停车场、工厂和电子健康。[①]

Libelium公司的首席执行官阿莉茜娅·阿塞恩说，她认为物联网就像一个新的铁路时代，传感器好比提供基础设施的铁轨。"互操作性是关键，这正是我们如此努力地与这么多公司建立伙伴关系的原因。"[②]

你可能认为，如果你在产品上或装配线上安装某种传感器，

---

① 资料来源：IoT Marketplace. https://www.the-iot-marketplace.com/.
② 资料来源：2017年12月21日作者对阿莉茜娅·阿塞恩的电话采访。

就可以享受物联网的全部好处，只是，速度不会有这么快。你要记住"共享而不囤积数据"这一基本真理。越来越多的证据表明，如果将来自各种传感器的数据与虚拟传感器网络（VSN）合并，物联网的效益将成倍放大。这使得协作和高效的无线传感器网络（WSN）成为可能，这种网络将来自多个传感器的数据结合起来，那些传感器的数据基于它们追踪观察的现象或者执行的任务，比如：

- 地理上重叠的应用，例如监测山体滑坡和山区内的动物行踪。检测到这些现象的不同类型的设备可以相互中转，进行数据传输，无须部署独立的网络。
- 逻辑上分离的多用途传感器网络，例如带有多功能传感器节点的智能社区系统。
- 提高追踪观察动态现象的系统的效率，如迁移、分裂或合并的地下羽流的化学变化。这样的网络可能包括急剧变化的传感器子集。①

网络的概念是通过"传感器融合"来实现的，它使用一个微控制器来融合从各个传感器收集的数据，以获得更准确的理解。

---

① 资料来源：24. Anura P. Jayasumana, Qi Han, and Tissa H. Illangasekare, "Virtual Sensor Networks: A Resource Efficient Approach for Concurrent Applications," Dept. of Electrical & Computer Engineering, Colorado State University, November 12, 2012.http://www.cnrl.colostate.edu/Projects/VSNs/vsns.html.

这将可能带来令人震惊的应用效果：

> 这些数据，连同物联网对"天空中的全球神经网络"和基于云的处理资源的访问，将大幅度拓展为任何特定情况定制的情境感知服务（context-aware services）的交付。这些服务可以基于单个用户在做什么、机器在做什么、基础设施在做什么、大自然在做什么，或者上述一切以各种组合的形式存在。①

融合新兴技术

物联网最大的优势之一是，它并非一项独立的技术，而是将一系列技术结合起来，当这些技术紧密结合在一起时，变得更有价值了。因此，随着3D打印、区块链和人工智能等互补技术的诞生与成熟，物联网只会变得更加强大。

在不久的将来，3D打印将主要用于概念验证和原型制作，从而缩短新产品的上市时间。总有一天，打印某个零部件的成本会降低，所需时间会减少。设想这样一个场景：一个喷气式发动机的传感器显示，某个零部件即将需要更换。在此情形下，制造厂家不是从存放数百万个零部件的仓库将新的零部件发过货来，而是将零部

---

① 资料来源：Kaivan Karimi, "The Role of Sensor Fusion in the Internet of Things," *Mouser Electronics*. https：//ca.mouser.com/applications/sensor-fusion-iot/.

件的数字化图纸发送到本地的配送中心，在那里，3D打印机将零部件生产出来，配送中心能够在飞机尚未降落之时就将其发给航空公司，减少了制造商维护替换零部件的成本，并且能保证在几分钟内将旧的零部件更换下来。这是一个多赢的局面。

过去5年里，由于物联网和其他来源的数据量呈爆炸式增长趋势，加上IBM公司的Watson等日益强大的分析工具使这些数据变得有意义，人工智能已经变得切实可行。

iRobot公司的Roomba智能扫地机器人就是一个很好的例子。新的900系列增加了众多人工智能功能，包括"视觉同步定位与映射"，此外，更优质的传感器可以收集更多实时数据。由此产生的机器学习催生了新的客户服务，包括亚马逊的Alexa命令（"Alexa，让Roomba开始打扫"）和生成整个楼层的"清洁地图"，在控制Roomba的App上可以显示出它遇到了更多污垢等信息。

新的Roomba机器人证实了物联网收集数据的能力和人工智能处理数据的能力之间的闭环关系。普华永道咨询公司（PWC）发表的题为《平衡即将来临的人工智能与物联网的不稳定性》（*Leveraging the Upcoming Disruptions From AI and the IoT*）的报告，也许最全面地阐述了这种结合。该报告强调，人工智能和物联网都为对方提供了一个重要的组成部分：人工智能使得来自物联网的海量数据变得极其宝贵，而物联网则是人工智能需要的实时数据的最好来源，后者需要那些数据来消化学习和取得进步：

数据只有在能够执行的情况下才有用。为了使数据可执行，它需要情境和创造力的补充。这涉及"互联智能"——正是人工智能和智能机器发挥作用的领域。人工智能在两个关键维度上影响物联网解决方案：首先是实时响应，例如通过远程摄像机读取车牌或分析人脸；其次是事后处理，比如随着时间的推移寻找数据中的模式并运行预测分析。

物联网和人工智能之间的相互依存，也以另一种方式表现出来。物联网实现实时反馈的能力对自适应学习系统至关重要，因为其他技术并不能真正实现这种先进的人工智能/分析。所以，它们都需要对方。[①]

普华永道预测，这种结合将带来真正的智能机器："人工智能的持续发展，也产生了进一步的影响：它正导致人工智能与物联网融合，以至于前者正迅速成为后者的解决方案中的不可或缺的部分。连接性、传感器数据和机器人等物联网的核心组件最终将导致几乎所有的'哑'设备都必须智能化。换句话讲，物联网需要智能机器，因此也需要人工智能。"[②]

智能机器将给出基于"机器对机器"通信和自我调节的前所未有的精确度，这将在后面的章节中详细讨论。

---

① 资料来源：W. David Stephenson, "IoT and AI: Made for Each Other," *PTC Product Lifecycle Report*, 2017. https://www.ptc.com/en/product-lifecycle-report/iot-and-ai-made-for-each-other.

② 资料来源：W. David Stephenson, "IoT and AI: Made for Each Other," *PTC Product Lifecycle Report*, 2017. https://www.ptc.com/en/product-lifecycle-report/iot-and-ai-made-for-each-other.

区块链是比特币替代货币的基础技术。具有讽刺意味的是，虽然比特币在"加密犯罪"阴谋中被广泛应用，但如今它正获得主流行业的认可，金融、制造业和医疗等领域的机构也在认真考虑它。①

在传统经济社会中，区块链无法发挥作用，因为保护数据意味着要把它写进一本总账里，用流着汗的手紧紧攥着，或者锁在保险箱里过夜。相反，区块链中的复杂交易或数据被分成32位的块，每个块存储在世界上任何地方的一台个人电脑上。关键的保护措施是，一旦数据被分成块，未经所有区块持有者的一致同意，任何人都不可能篡改内容。这意味着：

- 它是透明的。
- 它可以追踪行为或交易的所有方面。这对于物联网过程中的复杂操作序列至关重要。
- 它是分布式的。有一种共享的记账保存形式，流程中的每个人都可以访问。
- 它的更改需要获得许可。每一个人的每一个步骤都需要权限。
- 它是安全的。没有人，甚至系统管理员，可以在未经组批准的情况下修改它。

---

① 资料来源：Zoe Gross, "The Dark Side of the Coin: Bitcoin and Crime," *Finfeed*, Sep 5, 2017. https://finfeed.com/features/dark-sidecoin-bitcoin-crime/20170905/; Nolan Bauerle, "What Are the Applications and Uses of Blockchain?" *Coindesk*. https://www.coindesk.com/information/applications-use-cases-blockchains/.

要向区块链添加新的交易，所有成员必须通过应用算法来验证它的有效性。①

区块链还可以通过减少对中介的需求来提高效率，同时，它还是处理物联网将产生的海量数据的更好方式。

物联网智库联盟（Chain of Things）正在率先探索区块链在物联网中的应用。该组织自称是"物联网硬件制造和替代区块链应用领域的技术专家"。他们已经举办了几场区块链黑客马拉松，正在为物联网区块链制定开放标准。

将区块链与当前流行的物联网安全范式进行对比。正如Datafloq公司指出的那样，区块链基于老式的客户端-服务器方法，这种老式方法无法应对物联网的复杂性和各种连接："设备之间的连接必须只通过互联网才能实现，哪怕它们仅仅相隔几英尺。"当分散的、对等的替代方案会更加经济、高效时，试图将数十亿物联网设备和传感器的广泛部署带来的海量数据通过集中模型汇集起来，是没有意义的。

Datafloq公司总结道：

> 区块链技术是解决物联网中可升级性、隐私和可靠性问题的缺失环节。它可能是物联网行业急需的，可以用来追踪数十亿台连接的设备，实现交易的处理和设备之间的协调，

---

① 资料来源：W. David Stephenson, "Blockchain Might Be the Answer to IoT Security Woes," *Stephenson Blogs on Internet of Things*, December 19, 2016. http://www.stephensonstrategies.com/blockchain-might-be-answer-to-iot-security-woes/.

为物联网行业制造商节约大量资金。这种分散的方法将消除单点故障,为设备运行创造一个更具弹性的生态系统。区块链使用的加密算法将使消费者数据更加私密。①

为物联网突破准备组件

物联网经过多年时间才从早年的远见者的梦想发展到目前的实施阶段。现在,随着人们意识到这些效益的扩散和零部件价格的持续下跌,物联网的各种组件都做好了加速生产的准备。我们将在下一章中看到,实现这些目标的唯一障碍是我们未能转变思想,以执行这些任务。

自我评估

1. 你们公司已经具备了哪些物联网的组件?考虑到这些组件的组合,你从哪里着手物联网战略才有意义呢?
2. 如果你的手头还没有这些工具,那么大数据存储和分析可能是整体收益最大的物联网工具。你们的策略是什么?为了处理物联网将会产生海量的数据,你们的解决方案是否

---

① 资料来源:W. David Stephenson, "Blockchain Might Be the Answer to IoT Security Woes," *Stephenson Blogs on Internet of Things*, December 19, 2016. http://www.stephensonstrategies.com/blockchain-might-be-answer-to-iot-security-woes/.

可以升级？

3. 传感器可以监视你的产品及其生产中的哪些过程和因素？这些过程和因素的好处是什么？如果你已经配置了传感器，是否也计划在物联网平台上帮助合并来自多个传感器的数据？

第四章

数字孪生

尽管一个物联网工具可能不是当今所有物联网项目的一部分，但它本身需要一个章节来阐述，因为它既是一个关键工具，也是物联网怎样融合数字与实物最好的、最容易理解的、最直观的例子。

"数字孪生"的概念是将实时传感器数据、包括人工智能在内的分析工具和软件组合起来，以构建实物及其当前状态（如果实物在移动，则还包含其动态）的实时线框图视觉模型，涵盖实物的整个生命周期——从设计阶段到制造、运营，以及最后的处置。数字孪生随着环境的改变而持续更新，甚至可以根据过去的操作条件合并历史数据。

"'数字孪生'是对实物的属性和状态最新的准确的复制，包括其形状、位置、手势、状态和运动。"[1]最近几年涌现的技术进步，以及云存储、超级计算和传感器等组件的价格急剧下降，使

---

[1] 资料来源：Saju Skaria, "Digital Twins," *Saju Skaria*：*Random Thoughts on Leadership, Strategies, Global Business, and Spirituality*. December 28, 2016. http://sajuskaria.blogspot.com/2016/12/digital-twins.html.

"数字孪生"成为可能。

西门子录制了一段关于玛莎拉蒂（Maserati）如何利用其"数字孪生"技术制造一辆跑车的视频，从视觉上证明了这一点。开始，你看到一辆真正的玛莎拉蒂高速向你驶来，然后，它突然变成了汽车的线框电脑模型——数字与实物融为一体！

然而，这一场景并未真正体现真实的"数字孪生"所带来的视觉冲击力以及它有多大的用处。如果你想从这一章中获得最大的启示，请放下手中的书，在视频网站YouTube上搜索"数字孪生"，观看几个它们的视频，然后继续阅读本书！

我们很难充分认识到"数字孪生"在以下两个方面所起到的关键作用：一是帮助实现前面讨论过的基本真理，二是发挥物联网在转变和执行战略方面的全部潜力。

在前面描述的集体失明的背景下想一想"数字孪生"。"数字孪生"消除了人们对产品出厂后以及日常使用中的情况的集体失明。它可能在地球的另一边运行，可能是个巨无霸，也可能用肉眼无法看透，但是，你可以坐在电脑前，用"数字孪生"技术实时分析这个产品运行的方方面面，或者实时分析它的故障。

事实上，通用电气预计，"数字孪生"的概念最终可能扩展到非制造的实物，比如，可以想象，每个人刚出生就有一个"数字孪生的兄弟或姐妹"，它会随着我们的活动而成长和改变，并且产生关于我们健康状况的更加微妙和更加宝贵的数据，因为它将追踪整个身体是如何协同工作的，而不仅仅是彼此孤立的各个器官。

创建"数字孪生"可能是个渐进的过程，从几个关键的性能指标（如温度）开始，然后，随着时间的推移添加更多传感器，使其更加可靠和信息丰富。从现场反馈给设计工作室、装配线、维护部门甚至是市场部门的实时数据越多，数字孪生了解到的信息就越多，也就越有价值。它能够回答以下问题：

- 产品运行的效率如何？
- 某些零部件是否因其设计或操作条件而遭受更多的磨损，可能很快会出现故障？
- 如果你试图将彼此邻近的大量相同产品的有效运营最大化，那么，怎样才能对其进行微调，使之更好地协同工作呢？
- 是否有一些功能我们在内部认为是重要的，而用户却没有使用？我们是应当花更大力气推广它们，并就如何使用它们提供指导，还是将它们从未来的样品中删除？
- 在设计阶段，是否有一些我们没有考虑到的潜在操作错误可能引发问题或危险？
- 操作人员使用产品的方式与我们看到的有何不同？这是否意味着在下一版本中进行增强，以合并这些解决方案？
- 是否可以将现场的运营数据与第三方数据（如大气状况）以及水资源等重要数据进行整合，以构建对客户可能带来价值的新服务，并创造新的收入流？

请反思这些艰难的问题。你能想象有一天我们不仅可以用猜测来回答问题,还可以用真实的实时数据来回答问题吗?

最重要的是,特别是对于将在第八章中详细讨论的"循环式组织"的概念,不是只有哪个部门独自拥有"数字孪生",实时数据可以由公司内的所有团体和部门共享,而且是实时共享,不是像过去那样按顺序共享。

这很关键。这意味着,正如物联网企业家克里斯·雷森德斯喜欢说的那样,每个人(包括你的供应商、分销网络、零售商,甚至客户)都可以共享这些数据,建立人人都可以在其基础上运行的"地面实况",而不是简单的猜测或者依赖过去的二手信息。或者,正如分析师丹尼尔·纽曼(Daniel Newman)所言:

> 在数字环境中,孤岛不利于很好地工作,这已不是什么秘密。"数字孪生"通过将数据和知识提供给每个需要的人,帮助打破这些孤岛,以确保系统和公司向前发展。[1]

"数字孪生"起源于设计产品的CAD-CAM软件(甚至更早,在模拟时代曾与美国航空航天局合作。在航天领域,了解宇宙飞船的情况至关重要,而且,通过传统方法很难获得这些信息),但是,这些图纸通常在设计完成后被封存,因为在设计产品升级之

---

[1] 资料来源:Daniel Newman,"Digital Twins: The Business Imperative You Might Not Know About," *Forbes*, May 30, 2017. https://www.forbes.com/sites/danielnewman/2017/05/30/digital-twins-the-business-imperative-you-might-not-knowabout/#3a041e89693c.

前，它们并没有什么作用。①

现在设计过程的最后一步通常是创建物理模型，因为软件的实际模拟运行中的设备能力有限。2002年，密歇根大学的制造专家迈克尔·格里夫斯（Michael Grieves）博士首次提出了数字孪生的概念，因为他想将数字设计模型的有用性扩展到整个制造过程、使用以及最后的处理阶段，作为产品生命周期管理（PLM）的一部分。正如格里夫斯所说："从实物中剥离信息，将改变游戏规则。"②

数字孪生产品在整个产品生命周期中都将受益。

- 设计。就像可视计算（VisiCalc）这个软件所做的账一样，"数字孪生"将有利于探索设计的"假设"，因为它将在设计流程中轻松且价格低廉地用各种产品的变体来玩转设计（和过去创建物理模型耗费的时间和金钱，然后进行现实生活模拟的困难甚至危险相比）。根据格里夫斯博士的说法，如今，通用汽车不再在生产前测试发动机设计，而是模拟发动机的运行。③通用电气的威廉·鲁赫说，由于该领域产品的不断反馈，他们现在可以在3~9个月推出过去需

---

① 资料来源："Millions of Things Will Soon Have Digital Twins," *The Economist*, July 13, 2017. https://www.economist.com/news/business/21725033-factories-cars-range-consumer-productsmillions-things-will-soon-have-digital.
② 资料来源：2017年12月18日作者对迈克尔·格里夫斯博士的电话采访。
③ 资料来源：同上。

要3年时间才能推出的产品。①

- 制造。西门子设在安姆伯格的"未来工厂"有一条装配线的"数字孪生"。"这对数字孪生在各个方面一模一样，用于设计和测试控制单元，并且模拟怎样制造它们和为生产机器编程。"②西门子甚至要求其供应商在工厂开始生产新产品之前首先提供该产品的数字孪生。通过这种方式，他们不仅可以看到装配线本身的级联效益和精度的提高，还可以与供应商进行集成，实现连续运行和无中断。

- 维护。技工不必再去猜测什么部件需要进行维修与维护，他们可以提前察看。特别是，美国参数技术公司的Vuforia应用可让技工使用增强现实技术观察设备的内部情况，以诊断问题，甚至，他们即使远在数千千米之外且设备仍在运转，也能这样观察。如此一来，当关停设备以查找问题时，技工不必再随机修修补补了，而是能够精准地找到问题所在。更好的是，更换的零部件可以在开始修复之前交付，避免了在最终确定所需零部件并交付到修复站点时出现延误。举例来讲，在需要争分夺秒处理紧急情况的至关重要时刻，数字孪生可以提醒维修站的工作人员，迈凯伦赛车的某个关键部件即将发生故障，从而缩短了赛车在维

---

① 资料来源：Hardy, *op.cit.*
② 资料来源："Millions of things will soon have digital twins," *The Economist*, July 13, 2017.

修站停留的时间。①

- 智慧城市。新加坡市将成为首个拥有数字孪生的城市。根据技术内幕（Tech Insider）网站的报道："虚拟新加坡整合了各种数据，包括气候、人口、能耗、建筑高度，甚至树木的位置，以创建一个虚拟版本的市区，它可以用来推测各种事情的影响，从风能的涌入到更好地进行灾难管理计划。达索系统公司（Dassault Systèmes）的CEO伯纳德·查尔斯（Bernard Charlès）对技术内幕网站说："你可以在建筑物上点击，看到屋顶的表面，并且立即知道屋顶的耗电量。"他还补充道："你还可以模拟在发生煤气泄漏或爆炸时人们如何根据他们所在的位置确定逃生方向。我们有模拟引擎来做这个事情。"②

- 医疗保健。毫不夸张地说，达索（就像另一家资深的CAD-CAM软件设计公司——美国参数技术公司那样）制造了数字孪生的一颗"活的心"，它希望接下来能复制其他器官。这可以让"医生们用个体的假设代替一般的假设，然后对

---

① 资料来源：Mark Egan, "'Digital Twin' Technology Changed Formula 1 and Online Ads. Planes, Trains and Power Are Next," GE：October 4, 2015. https：//www.ge.com/reports/digital-twin-technology-changed-formula-1-online-ads-planes-trains-powernext/.

② 资料来源：Ariel Schartz, "Singapore Will Soon Have a 'Virtual Twin City' That Reflects Everything in the Real World," *Business Insider*, January 21, 2016. http：//www.businessinsider.com/singapore-will-soon-have-a-virtual-twin-city-2016-1.

个体进行数字化探寻"①。这是在探讨个性化医疗！

有了"数字孪生"，你将可以从不同的角度思考产品的各个方面，包括设计、构造和使用。这不再是以前那种线性流程——在这种流程之中，一旦产品离开工厂，生产厂商就会失去对它们的追踪。与"形成闭环"的物联网的基本真理相一致，这些产品反而会成为你日常生活的中心。集成的、连续的、循环的流程取代了离散的产品，你将专注于以最有效的方式满足客户需求，这可能意味着更少地强调销售，更多地强调增值服务。事实上，美国参数技术公司负责战略的高级副总裁多恩·布塞克（Don Busiek）说："数字孪生可能是下一步我们的价值发展的关键。从产品开始设计直到退出市场，我们都必须从整体上考虑。"

分析人士表示，这种影响将是巨大的：高德纳公司于2018年（该公司选择"数字孪生"作为2018年第四大战略技术趋势）预测，到2021年，半数的大型工业企业将使用数字孪生，这些企业的效率将平均提高10%。②同期，国际数据公司（International data

---

① 资料来源：Sara Scoles, "A Digital Twin of Your Body Could Become a Critical Part of Your Health Care," *Slate*, February 10, 2016. http://www.slate.com/articles/technology/future_tense/2016/02/dassault_s_living_heart_project_and_the_future_of_digital_twins_in_health.html.

② 资料来源：Kasey Panetta, "Gartner Top 10 Strategic Technology Trends for 2018," *Smarter With Gartner*, October 3, 2017. https://www.gartner.com/smarterwithgartner/gartner-top-10-strategictechnology-trends-for-2018/?utm_source=social&utm_campaign=sm-swg&utm_medium=social Gartner Top 10 Strategic Technology Trends for 2018; Christy Petty, "Prepare for the Impact of Digital Twins," *Smarter With Gartner*, September.2017. https://www.gartner.com/smarterwithgartner/prepare-for-the-impact-of-digital-twins/.

corporation，简写为 IDC）的预测是，使用"数字孪生"技术的公司在关键流程上的周期时间将缩短 30%。①

产出依赖于投入

并不是说"数字孪生"应当成为每一个物联网产品或流程的默认部分，也不是说前面介绍的这些效益就会自动产生。有些产品可能是低价值的或者一次性的，不值得花时间、精力和金钱来制造"双胞胎"；在另一些情况下，来自传感器的简单监测数据反馈就已经足够了。

高德纳研究公司副总裁阿方索·韦罗萨（Alfonso Velosa）指出，"数字孪生"有能力监控资产和流程，他对企业的首席信息官（CIO）提出了以下建议：

"与企业领导者合作开发经济和商业模式，根据开发成本和持续的数字孪生的维护需求来考虑效益。"数字孪生的经济价值将有着极大的差异，这取决于驱动它们的货币化模式。对于复杂的、昂贵的工业或商业设备、服务及流程，通过缩短资产的停机时间和降低总体维护成本来提高利用率将非常有价值，这使内部软件能力成为通过数字孪生驱动价值

---

① 资料来源：Tanja Ruecker, "Making Sense of The New Business Models Powered by Digital Twins." *Manufacturing Business Technology*, October 23, 2017. https://www.mbtmag.com/article/2017/10/making-sense-new-business-models-powered-digital-twins.

的关键……

"数字孪生的复杂性将根据使用案例、垂直行业和业务目标而有所不同。在某些情况下,只需要简单的、功能齐全的数字孪生,它们基于明确定义的功能或技术参数。"韦罗萨说,"在有的情况下,可能需要基于物理的高保真'数字孪生'。而在另一些情况下,还有一些由其他'数字孪生'组成的复合系统需要集成。"①

这个流程将是连续的,因为收集到了大量的数据,也因为它具有随着时间的推移而改变的特性。创建和维护这对"双胞胎",需要新的软件设计师和数据分析师。

通用电气的数字风电场

详细地研究和观察最先进、最复杂的"数字孪生项目",将可以证明它们能够带来多么重大的变革。

通用电气是最认同"数字孪生"概念商业化的公司,已经部署了80多万台此类设备。它的数字风电场套件由先进的涡轮发动机硬件和相配套的物联网软件(同样是实物−数字的融合)组成,其中包括一个关键的数字双组件。这对"双胞胎"不但适用

---

① 资料来源:Christie Pettey, "Prepare for the Impact of Digital Twins," *Smarter With Gartner*, September 18, 2017. https://www.gartner.com/smarterwithgartner/prepare-for-the-impact-of-digital-twins/.

于单个涡轮发动机，而且适用于整个"农场"，因为涡轮发动机不仅要单独管理，而且要不断进行微调，从而使它们作为一个整体（前面的一台涡轮发动机的运行影响到后面的涡轮发动机的运行）[1]以最佳状态运行。很难想象这个任务是多么困难，因为它不仅涉及昂贵和复杂的硬件，还涉及不断变化的气候条件，要知道，气候可能给涡轮发动机和重要的电气输出造成破坏。或者，从好的方面来看，如果预计的气候条件是最优的，也可以用来提高效率和产出。这甚至不包括同样快速变化和神秘莫测的电网经济与监管。通用电气在安装涡轮发动机前使用整体的"数字孪生"，以精确配置每台涡轮发动机，使整个阵列的性能达到最优，目标是使效率提升20%。通用电气能源和水处理公司（GE Power & Water）首席数字官（CDO）兼软件与分析总经理甘尼什·贝尔（Ganesh Bell）表示："对于世界上的每一种实物资产，我们都有一个运行在云端的虚拟副本，运营数据每过一秒钟，云端就变得更丰富一些。"[2]

正如通用电气软件研究副总裁科林·帕里斯（Colin Parris）博士指出的那样，"数字孪生"的工作分为三个阶段："看、想、做。"[3]首先采集来自涡轮发动机上的传感器的各种各样的数据，

---

[1] 资料来源："GE's Digital Wind Farm for Onshore Wind." GE Renewable Energy. https：//www.gerenewableenergy.com/wind-energy/technology/digital-wind-farm.

[2] 资料来源：Bernard Marr, "What is Digital Twin Technology—And Why Is It So Important?," *Forbe*s, March 6, 2017. https：//www.forbes.com/sites/bernardmarr/2017/03/06/what-is-digital-twintechnology-and-why-is-it-so-important/2/#6c9542d73227.

[3] 资料来源：Dr. Colin Parris, "Minds + Machines：Meet a Digital Twin," GE Mind + Machines Conference. https：//www.youtube.com/watch?v=2dCz3oL2rTw&t=554s.

然后分析数据,并且在通用电气 Predix 物联网平台上进行广泛的仿真模拟,以确定选择的范围(不仅考虑运营数据,还考虑收入等因素),接下来衡量风险与效益,最后再提出最佳行动方案。最终,"数字孪生"让你在正确的时间做正确的事情,要么为操作人员提供精确的指令,要么可能是为了最大限度地提高精确度和准确度,触发某个特定的 App 而自动进行调整。想要彻底干脆地做这件事吗?你甚至可以戴上微软的全息透镜 VR(虚拟现实)头盔,真正"看到"涡轮发动机发生了什么,帕里斯称之为"更加身临其境的环境"——即使你离风电场几千千米之遥,同样也能看清楚。正如他所说的那样,这是以"令人难以置信的丰富听觉和视觉效果"进行交流。[1]

随着时间的推移和收集的数据越来越多,系统实际上得到了改进,这使其变得更具预测性。同时,也通过保持最佳性能、避免随着涡轮发动机的老化而常常出现维修问题的方式,风电场变成了"未来的证据",人们清楚地看到,未来的风电场就是这样的。此外,通用电气还通过定制维护计划来降低成本,以确保只在需要的时候进行预测性维护。

那么,在通用电气转向数字风电场的硬件和软件的过程中,它的客户从中得到了什么好处呢?

作为客户之一的爱克斯龙(Exelon)当前正与通用电气合作,通过实时生产和提前一周生产来赢得竞争优势。在动荡的可再生

---

[1] 资料来源:Dr. Colin Parris, "Minds + Machines:Meet a Digital Twin," GE Mind + Machines Conference. https://www.youtube.com/watch?v=2dCz3oL2rTw&t=554s.

能源市场，提前一周生产对抓住利润率价差和减少由于预测与实际的偏差而导致的损失至关重要。①

另一家客户是德国意昂集团（E.ON）。该集团的实际发电量在第一年增加了469%，这是由风力涡轮发动机功率增大了4%所带来的效果。增大4%意味着什么？相当于新增10台昂贵的涡轮发动机。②

通用电气已经在其产品系列中应用了"数字孪生"。最有趣的应用之一是喷气式发动机，因为发动机不仅要求在苛刻的空中条件下使用，还要求在地面上（那些飞往中东的飞机维修会更加频繁，因为空气中含砂量较高）使用，"数字孪生"允许维修保障人员根据实际使用模式以不同的速度牵引单个发动机进行维修。③

AR终结集体失明

美国参数技术公司是从CAM-CAD起家的，因此在线框演示方面有着丰富的经验，同时也是具有明显优势的"数字孪生"领军者之一。几年前，该公司进行了一项在大多数人看来毫无意义的投资：收购了AR技术领域的先驱Vuforia。

---

① 资料来源："Exelon and GE: Forecasting the Future." https://www.gerenewableenergy.com/stories/exelon-forecasting-future.
② 资料来源："E.ON and GE: A Power Up Story." https://www.gerenewableenergy.com/stories/eon-power-up.
③ 资料来源：Erin Biba, "The Jet Engines With Digital Twins," *BBC*, February 14, 2017. http://www.bbc.com/autos/story/20170214-how-jet-engines-are-made.

正如杂志《CAD位置》(*CAD Place*)所写的那样，富有远见的美国参数技术公司CEO吉姆·赫佩尔曼（Jim Heppelmann）看到了其他人没有看到的东西——AR技术强化的"数字孪生"的一个版本，在该版本中，"数字模型不仅在数字上是完美的，而且数字与现实也完美地结合、相遇、互动，并且真正地联系在一起"①。

美国参数技术公司的数字孪生确实终结了我们的集体失明：用户可以使用Vuforia的App，从内部"看见"一个巨大的建筑，就像我曾经有幸在该公司的LiveWorx大会上体验过的那样。突然之间，卡特彼勒公司的发电机似乎要散开了，可以看到机器内部的工作情况。使用来自传感器的实时数据，我们可以发现需要修复的地方。②

正如美国参数技术公司执行副总裁迈克尔·坎贝尔（Michael Campbell）告诉我的那样："AR技术非常引人关注，因为它将人们的认知负荷减到非常小。不然，我就得自己筛选所有这些数据，这就没什么吸引力了。AR从数据中创造出信息，然后将它们带回现实世界，就像'数字孪生'一样。就对工人的安全影响而言，我如何理解我看不到的东西？AR是唯一的答案。"③

---

① 资料来源：CAD Place, "PTC redefines 'Digital Twin' with IoT, Big Data, and Augmented Reality Technology." http://www.cadplace.co.uk/Trends/PTC-redefines-Digital-Twin-with-IoT-big-data-and-augmented-reality-technology.
② 资料来源：W. David Stephenson, "Game-changer! AR Enables IoT merging of physical and digital," *Stephenson Blogs on Internet of Things*, June 21, 2016. http://www.stephensonstrategies.com/game-changer-ar-enables-iot-merging-of-physical-and-digital/.
③ 资料来源：2018年1月8日作者对迈克尔·坎贝尔的电话采访。

美国参数技术公司已经将Vuforia工作室与产品生命周期管理程序WindChill集成在一起，验证了真正的"数字孪生"理论学家迈克尔·格里夫斯在2002年提出的"'数字孪生'概念可能贯穿产品的整个生命周期"的主张。内容创建者可以为连接的产品构建直观的AR体验，无须编程专家的参与。

有了"数字孪生"，我们不再是梦想着物联网有朝一日终将彻底改变商业的方方面面，而是可以亲眼见证这一天的到来。正如通用电气的帕里斯所说：

> 当我们进入物联网崭露头角的时代，便拥有了60亿人类的思维与500亿机器的思维的对话。这样的聚合，将改变我们所知道的一切。①

自我评估

1. 你是否认为数字孪生不仅是一个重要的物联网工具，而且是"智能联网设备"愿景的缩影？
2. 对产品设计师来说，通过数字孪生轻松地可视化某一产品在该领域的使用情况是有价值的，为什么？
3. 产品维护人员能够在产品实际运行时（而不是静止时）看

---

① 资料来源：Parris, *op.cit.*

到问题是有价值的,为什么?

4. 就像通用电气数字风电场的例子一样,为什么有必要了解某个复杂的智能联网设备(而不是单台设备)如何作为一个整体运行?

5. AR应用程序和设备的广泛使用将如何对数字孪生提供有益补充?

第二部分

向物联网技术先驱学习

第五章

引领物联网革命的两匹老马
——西门子和通用电气

西门子慕尼黑软件中心（Munich software center）的工程师有一项着装要求：必须穿钢头鞋。不过他们的硅谷同行没有这样的要求，可以穿得休闲一些，比如穿凉鞋。

为什么？因为慕尼黑软件中心的办公室被塞到一个19世纪的机车厂的某个角落里，而西门子仍在运营这家工厂，生产威克龙（Vectron）机车。当软件工程师需要对其创新进行实车试验时，他们可以轻手轻脚地去拜访他们的机车设计同行。

随着我们将本书内容的关注点转向真正制定和执行物联网战略，你不用管别的，只需了解一下西门子及其美国同行通用电气这两个典型。这两家公司在世界上都是历史悠久的公司，如今仍在制造机车，同时地在研发新世纪的软件，以助力物联网转型。在很大程度上，两家公司的街头信誉（street cred）[1]来自这样一个事实，即他们不仅为客户设计物联网软件，而且自己每天都使用物联网，以全新的方式生产、运行和维修他们自己的产品。

---

[1] 街头信誉尤指因实际的运营、工作与生活知识和经验而受到其他年轻人或者初创公司的尊重。——译者注

两家公司所有独特的产品和服务有着惊人的相似之处，而这些相似之处与本书相关，特别是对于那些并不了解物联网或者只是稍稍尝试使用物联网的公司的读者来说，了解西门子和通用电气的相似之处尤其重要。这两家公司都完全投入到物联网的发展之中，并且正在彻底改造自身，以及它们的产品和服务。

与此同时，两家公司并没有因为数字而放弃实物：它们依然在做产品，比如列车和大型医疗诊断设备，这些设备在新经济中仍然必不可少，同时，它们也在制造那些在许多其他公司以及它们自己的制造业中使用的设备（以及新的软件）。这两家公司不仅在测试物联网，而且在物联网技术与服务方面双双处于创新的前沿。

西门子和通用电气两家公司身上都带有第一章所概述的物联网公司的大部分标签：

1. 前所未有的装配线精度和产品质量。
2. 大幅降低维护成本和产品故障率。
3. 提高客户的满意度和忠诚度。
4. 改进决策。
5. 创造新的商业模式和收入流。

虽然两家公司还没有正式地展示第六大物联网标志——循环式组织，但都表现出了与之相一致的管理特征。

用一句话概括就是：如果这两家从工业时代初期就传承下来的巨头企业都能实现物联网转型，你为什么不能呢？

西门子

西门子公司距今已有170年的历史。它最初的产品是维尔纳·西门子（Werner Siemens）的指针电报，并在1866年因生产发电机而真正声名大噪。发电机将机械能转化为电能，意味着人类进入了电气工程时代。西门子早期的另一些成就包括1879年设计的第一条电气化铁路和1896年设计的欧洲大陆第一条地铁。该公司还是早期医疗行业的创新者，于1896年制造了第一批可工业化生产的用于医疗诊断的X光管。1953年，西门子公司首次将超声波用于超声心动图。1983年，西门子又推出了核磁共振扫描仪。

然而，在西门子的各种创新中，也许最重要的一项创新，也是最终发展为物联网的强大推动力的一项创新，是1958年引入的Simatic可编程逻辑控制系统和仪器系统，它取代了传统的继电器、接触器和电子管，并且"使构建用于逻辑连接、存储、计数和计算的电路成为可能"。[1] 大多数制造工厂都使用了各种Simatic可编程逻辑控制系统，这些设备随着通信技术的进步而不断发展。

如今，西门子在工业自动化方面的创新与数字工厂的概念

---

[1] 资料来源：Christoph Wegener and Johannes von Karczewski, *1847–2017—Shaping the Future：Qualities That Set Siemens Apart—After 170 Years*. Siemens, 2017. https：//www.siemens.com/content/dam/webassetpool/mam/tag-siemens-com/smdb/corporate-core-communication-and-gov-affairs/tl/HI/siemens-historical-institute/home/094-shi-siemens-at-170-years-the-siemensnarrative-2017-e.pdf.

相联系。"早在1996年，西门子就为整个生产设施的数字自动化铺设了道路，当时推出了完全集成自动化（Totally Integrated Automation，简写为TIA）的门户，使各公司能够协调其生产运营的各个要素，并且将硬件与软件紧密结合在一起。"①

西门子受益于德国政府推出的"工业4.0"战略，也就是将实物产品与数字控制及通信相结合的战略。②"工业4.0"这个词是在2011年的汉诺威工业博览会上首次使用的，此后不仅在德国，而且在整个欧洲，都成为一个广泛的战略目标。该计划由德国联邦教育和研究部以及德国联邦经济事务和能源部提供资金支持，强调通过网络物理控制系统将制造业中的数字和实物连接起来。由于美国联邦政府并不像欧洲和德国那样参与具体的经济计划，因此这一概念在欧洲发展更快，而且这个词已经赢得了广泛的赞誉，尤其是在有证据表明某些具体例子确实能够赢利的情况下。③

---

① 资料来源：Christoph Wegener and Johannes von Karczewski, *1847–2017—Shaping the Future*：*Qualities That Set Siemens Apart—After 170 Years*. Siemens, 2017. https://www.siemens.com/content/dam/webassetpool/mam/tag-siemens-com/smdb/corporate-core/communication-and-gov-affairs/tl/HI/siemens-historical-institute/home/094-shi-siemens-at-170-years-the-siemensnarrative-2017-e.pdf.

② 资料来源：Rainer Drath and Alexander Horch, "Industrie 4.0：Hit or Hype?," *IEEE Industrial Electronics Magazine*, June 2014. Industrie 4.0 refers to the 4th industrial revolution, preceded by 1st：mechanization; 2nd：mass production; 3rd：computerization.https://ieeexplore.ieee.org/document/6839101/.

③ 资料来源：The Obama administration did fund a $2.2 billion advanced manufacturing initiative in 2013. Christopher Alessi and Chase Gummer, "Germany Bets on 'Smart Factories' to Keep Its Manufacturing Edge," *Wall Street Journal*, October 26, 2014.https://www.wsj.com/articles/germany-bets-on-smart-factoriesto-keep-its-manufacturing-edge-1414355745.

工业4.0的典型例子是前面提到的西门子设在安姆伯格的工厂。在过去25年里，该工厂日益实现计算机化，如今已成为实物和数字融合的实验室。

无论以何种标准来衡量，安姆伯格工厂99.99885%的质量合格率都是令人震惊的，而当你意识到它不是每天重复的大批量生产产品时，就更加难以置信了。安姆伯格工厂是该公司生产前面提到的Simatic可编程逻辑控制系统的地方，这一控制系统是其工业产出的核心，在全球范围内被用于"机器对机器"自动化装配线的自我调节。它们为全球6万名客户生产上千种不同产品，需要频繁地调整生产线。在一个"自产自用"的例子中，工厂用1 000个Simatic单元来控制装配线，总产量是每年1 200万台机车，大约每秒一台。①

安姆伯格系统提升效率的一个不足之处是，自动化几乎消除了装配线上的工人：人类唯一接触产品的时刻，就是把初始电路板放在装配线上。1 100名工人的工作几乎完全是处理电脑问题和对装配线进行全面监管。不过，西门子并没有设想未来会出现一个完全自动化的、无人工作的工厂：

> "我们不打算建设一家无人工厂。"工厂经理卡尔－海因茨·巴特纳（Karl-Heinz Büttner）教授表示。毕竟，尽管机

---

① 资料来源："Defects：A Vanishing Species？" Siemens, October 1, 2014. https：//www.siemens.com/innovation/en/home/pictures-of-thefuture/industry-and-automation/digital-factories-defects-avanishing-species.html.

器本身可能是高效的，但它们不会提出改进系统的建议。巴特纳补充说，员工提出的改进建议，占到了年度生产力增长的40%，剩下的60%是基础设施投资的结果，如购买新的装配线和物流设备的创新改进。巴特纳还说，这里的基本思想是："在确定什么在日常运作中有效或无效，以及如何优化流程方面，员工比管理层做得更好。"2013年，这家工厂采纳了1.3万个这样的点子，向员工支付了总计约100万欧元的奖金。①

西门子开发出了新的工业物联网（Industrial Internet of Things，简写为IIoT）软件，部署在安姆伯格工厂，操纵Simatic单元每天生成超过5 000万个数据点用于分析。在其他程序中，工厂运行NX和Teamcenter项目生命周期管理软件，允许员工实时分享关于装配线的看法，并对其操作进行微调。

西门子将实物和数字融合起来的战略，意味着软件产品不断扩展，而且推动了将在第八章详细讨论的那种真实的和虚拟的协同工作方式。其中包括专门针对物联网关键方面的产品：

- 产品生命周期管理软件程序。它让工程师既可以为新产品建模，又可以广泛地进行虚拟测试，而无须构建和测试物理模型。这在降低成本的同时，还能用"如果……那

---

① 资料来源："Defects: A Vanishing Species?" Siemens, October 1, 2014. https://www.siemens.com/innovation/en/home/pictures-of-thefuture/industry-and-automation/digital-factories-defects-avanishing-species.html.

么……"的变体对设计进行更多试验,因为创建替代方案的风险非常低。我们之后将会看到,带有生命周期管理软件的产品可能以比其他产品快一倍的速度抵达市场。在这类产品中,一个特别有趣的部分是专为增材制造(也就是3D打印)而设计的部分,目的是充分利用这一新兴选择。西门子将所有这些程序都放在Teamcenter的标签下,强调它提供了"开放的互操作框架",这是第二章中讨论的"共享数据"基本真理的一个关键例子,其允许公司范围内任何有需要的人们访问关键的实时数据。

- 与产品生命周期管理软件协同使用的"数字孪生",作为数字/实物融合的最高表现形式,在产品发布之前允许对产品进行严格的测试。西门子通过对美国航空航天局的探测器"好奇号"的模拟,为其扣人心弦的"恐怖七分钟"着陆做准备。正如设计团队的一名成员所说:"我们没有机会重试、重建、服务或者重新设计,我们只有一次尝试的机会,而且,这是做一些我们从未做过的事情。我们正试图利用现有的工具和流程来完成独特的设计。"[1]

对于工业4.0的全面实现,这些软件中最重要的可能是西门子XHQ操作智能软件与开放系统西门子MindSphere云的新组合,后者增加了高级分析和机器学习。此外,由于XHQ数据是基于云

---

[1] 资料来源:Susan Cinadr, "PLM on Mars: How NASA JPL Used Siemens Technology to Land Curiosity," Siemens, August 6, 2012.

的，因此可以将其移植到其他基于云的应用之中。如果你的公司正在考虑物联网计划，基于云的替代方案不仅比自我存储更省钱，而且还为使用基于云的软件即服务（Software as a Service，简写为SaaS）提供了机会。

然而，大多数公司，尤其是那些长期生产非物联网设备的公司，最感兴趣的是西门子做了些什么来将自己打造成试验品，并且将其新技术应用于自己现有的产品。物联网究竟会怎样帮助这些公司削减成本，提高绩效和客户满意度呢？

恰当地讲，西门子的物联网思维中最令人关注的一些例子集中在其最古老的业务领域之一：19世纪发明的电气列车。该公司的Railigent物联网系统（连接到物联网Mindsphere平台）能够：

- 将铁路系统运营成本削减10%。
- 提供令人惊讶的准点表现（2 300列火车中，只有1列晚点）。
- 通过预测性维护确保99%的可用性。

西门子新的移动服务已经接管了50多个轨道交通项目的维护工作。

同样，该公司多年来建造和运营火车的经验在网络世界得到了回报。西门子公司的客户格林技术公司（Gehring Technologies）是一家生产精密珩磨工具的公司，CEO塞巴斯蒂安·舒宁（Sebastian Schoning）博士告诉我，向自己的客户群体销售西门子的数字服务更容易，因为他们已经拥有的很多产品都包含西门子的设备，使得他们对其新产品充满信心。①

西门子移动服务的关键是Sinalytics，其数据分析平台架构不仅适用于铁路，还适用于从医疗设备到风电场等多个行业。目前，30多万台设备向该平台提供实时数据。Sinalytics将这些数据用于多种用途，包括连接、数据集成、分析和至关重要的网络安全。他们把这个结果叫作智能数据（Smart Data），而不是大数据（Big Data）。这个数据分析平台允许将数据与天气预报等来源的数据进行合并，这样一来，客户便能在实时的"机器对机器"基础上优化运营效率。

列车上的物联网系统可以适用于其他实物产品的要素包括：

- 传感器。发动机和变速箱上都装有传感器。麦克风上的振动传感器测量通勤列车轴承发出的噪声。它们甚至可以测量机油的老化程度，以便在真正必要的时候更换机油，而不是按照随意制定的时间表来更换。这是预测性维护的一项重要优势。
- 算法。算法使数据变得有意义，并且根据数据采取行动。它们读取模式，记录偏差，并与列车控制系统或同类型车辆进行比较。
- 预测性维护。这将取代定期维护，大幅度缩短停机时间和减少灾难性故障。例如，"（控制中心的显示器上的）一个

---

① 资料来源：2016年11月作者在巴塞罗那对塞巴斯蒂安·舒宁博士的个人访谈。

窗口发出一条报警：发动机温度异常。该公司负责客户支持的副总裁赫伯特·帕丁格（Herbert Padinger）说：'我们需要更加深入地分析形势，知道下一步该做什么——我们称之为根本原因分析。'他补充道，'我们研究了它的历史，并从整个系列中提取了对比数据。'点击这条报警信息，就会打开一个图表，显示过去3个月温度变化情况。增加的热量逐渐被追踪到一个信号总成。西门子专家与客户进行沟通，确定需要采取行动的紧迫性，然后采取最适当的措施。"①帕丁格说，对关键变速箱的温度和振动进行分析后，西门子至少提前3天接到了故障信号，因而有足够的时间进行维修或更换。如今，预测性维护是西门子70%～80%的维修的标准。②

- 安全。这一点尤其重要，因为铁轨有好几千米，站台上人山人海。这包括基于视频的列车调度和使用西门子SITRAIL D系统的站台监控，还有列车上的摄像头。这些保护措施必须涵盖从物理攻击到网络攻击的各个领域。为了安全起见，数据是由数字广播共享的，而不是由消费者

---

① 资料来源：W. David Stephenson, "Siemens's Mobility Services: Trains Become IoT Labs on Wheels," *Stephenson Blogs on the Internet of Things*, November 18, 2016. http://www.stephensonstrategies.com/siemenss-mobility-services-trains-become-iot-labs-on-wheels/.

② 资料来源："Mobility Services Focus on digitalization," Siemens: 2016. http://www.siemens.co.ir/pool/events/mobility-servicebrochure.pdf.

共享的网络来共享。①

3D打印的零部件

当实际物体的操作被数字化时，允许将新兴的数字技术无缝集成到服务中，从而使这些巨大发动机成为最新技术的陈列窗。例如，西门子的数字服务还包括AR（以便维修人员可以在头戴显示器上看到说明书）、社交协作平台，或许最重要的是基于3D打印的增材制造，这样一来，就能以前所未有的速度交付替换的零部件。3D打印还可以大幅减少零部件库存，以便更换可能无法通过常规零件库获得的零部件。根据对使用中零部件的实际观察经验，这甚至可以改进原零件的功能和耐用性。例如，3D打印的替换零部件通常可以将三个或四个单独的零部件合并成一个，并对其进行强化和简化。在过去3年里，西门子一直在使用3D打印技术，这使其可以向客户保证在机车的整个使用寿命期间（可能超过30年）都提供替换的零部件。

使用新的移动服务方法的结果令人印象深刻：

- 西门子为几家运营商维护的Velaro列车，自从采用了Sinalytics，没有一辆发生故障。在西班牙，只有一辆列车在2 300次运行中迟到15分钟以上：迟到率为0.0004%。
- 伦敦西海岸干线的可靠性为99.7%。

---

① 资料来源：Stephenson, "Siemens's Mobility Services: Trains Become IoT Labs on Wheels," *op.cit.*

- 或许最令人印象深刻的是，在极端寒冷的条件下，Velaro在俄罗斯服务的可靠性为99.9%。[①]

但西门子的最终目标更高：公司要求100%的可靠性。

西门子预测，随着软件和传感器的发展，当它的产品达到那些以前难以想象的质量基准时，下一阶段将是新的商业模式，在这种模式下，收费将取决于向客户保证的可用性和性能。正如我们将在本章后半部分提到的那样，通用电气（和其他公司）已经在用喷气式涡轮发动机做这件事，向客户租赁而不是出售喷气式涡轮发动机，然后根据发动机产生的推力来计费。这种做法使得通用电气有额外的动力来进行预测性维护。如果飞机是停在地面上而不是在空中飞行，喷气式涡轮发动机不会带来任何收入。列车的发动机会不会在某一天也变成这样？

最后，让我们看看其他公司如何使用西门子的软件来设计全新的产品。这次介绍时髦的——时速165英里（约合265千米）的玛莎拉蒂吉博利（Ghibli）汽车。西门子制作的玛莎拉蒂案例研究的宣传册对各类制造商发出了严厉警告：

> 现在，制造业正处于这样一个阶段：实现完整工作流程的自动化，是确保长期的、可防御的、有竞争力的地位的唯一途径……

---

① 资料来源：Stephenson, "Siemens's Mobility Services: Trains Become IoT Labs on Wheels," *op.cit.*

数字化对商业的影响日益增大。消费者越来越能够通过互联网直接告诉制造商他们想要什么，什么时候想要。如果制造商不做出回应，消费者往往很容易找到替代产品，那么，制造商的潜在业务可能很快会流失……

为了应对这一挑战，制造商需要大幅缩短产品投放市场的时间，大幅提高灵活性，以实现个性化的大规模生产，同时降低能耗和资源消耗。应对这一挑战的解决方案，将借助物联网和工业4.0等举措来提出……

于是，在整个价值链上获得的经验，便回流到设计和研发流程中，形成了一个有益的循环。[①]

西门子强调，仅仅将设计流程数字化是不够的。从设计到供应链、制造、分销和服务等环节中的一切，都必须连接在一个连续的数字网络中，在其中，"最终的目标是将整个实物的价值链完全用数字来表现"。

西门子通过其所说的"数字化企业软件套件"（Digital Enterprise Software Suite）设计了这种循环的数字化，这是其另一套软件，其中包括许多我们已经看到的程序，它们也是西门子自身的生产需要的。这套软件允许对上面提到的整个业务流程进行完整建模，包括"无缝地将供应商集成起来"。这是迈向完全循环式组织愿景的关键一

[①] 资料来源：Siemens, *Industry Software—Driving the Digital Enterprise*. https：//www.siemens.com/stories/cc/en/driven-by-data/assets/Industry%20Software%20Brochure%202015-ENG.PDF.

步,我们将在第八章详细讨论。

在设计新款汽车(玛莎拉蒂公司正在从手工制造向数字化制造转型)时,玛莎拉蒂使用了 NX CAD 软件进行设计,以便能够虚拟地创建、模拟甚至测试汽车,这不但加快了流程,还减少了对昂贵的样品原型的需求。正如玛莎拉蒂公司的卢卡·索里亚托(Luca Soriato)所说的那样,该软件使他们能够"进行分析,在此之前,这些分析还只能通过在专门制造的实物样品上进行"。[1] 如今,现有的工厂几乎完全重建,融合了数字化。[2]

同样重要的是,玛莎拉蒂将 NX 与 Teamcenter 结合起来,以便实时管理位于多个区域的项目。这是"共享而不囤积数据"这一基本真理的一个很好的例子:如果设计团队的各个部门相互隔绝,由于要将设计方案从一组员工交给另一组员工(然后根据后者的修改,再回到原来的小组),所以不但要花费更多时间,而且犯错的概率将大大增加。

与3年的行业平均水平相比,设计时间缩短了30%,上市时间只有16个月。在所有这些数字化的过程中,人的因素也没有被忽视。商业分析师安德鲁·休斯(Andrew Hughes)在一份发展报告中指出:

---

[1] 资料来源:Siemens, *Driven by Data*. https://www.siemens.com/stories/cc/en/driven-by-data/.
[2] 资料来源:Andrew Hughes, "Siemens and Maserati Show Off Integrated Design and Manufacturing," LNS Research:December 30, 2015. http://blog.lnsresearch.com/siemens-and-maserati-showoff-integrated-design-and-manufacturing.

自投产以来,玛莎拉蒂公司不断改进装配工艺,特别是借助装配工人的建议不断改进。到目前为止,每个工人平均每年都有15条关于流程改进的小建议,其中绝大多数都得以实现。①

通用电气

诚然,与西门子相比,通用电气只能算是一家初创企业,因为爱迪生只是从1892年才开始将他的许多发明商业化。然而,为了摆脱行业暴发户的形象,通用电气付出了巨大的努力,事实上,它涉足的许多行业与西门子相同,如电动机、医疗诊断和机车。

遗憾的是,该公司在20世纪90年代和21世纪的头10年没有聚焦于主业,而是进军了娱乐和金融等行业,导致收入下滑。在上一个10年利润下滑期间,公司CEO杰夫·伊梅尔特(Jeff Immelt)得出了与西门子大致相同的结论:要么数字化,要么灭亡。他卖掉了一些令通用电气脱离制造业这个主业的重大投资(如他所说:"我认为公司不可能同时擅长于媒体、宠物保险行业和制造喷气式发动机。"),并且坚定地朝着所谓"工业物联网"的方向发展,聚焦于

---

① 资料来源:Andrew Hughes, "Siemens and Maserati Show Off Integrated Design and Manufacturing," LNS Research:December 30, 2015. http://blog.lnsresearch.com/siemens-and-maserati-showoff-integrated-design-and-manufacturing.

制造业和重工业，同时也致力于发展的全球化。①

不要抱着试试水的心理

你如果很谨慎，认为物联网战略只可以稍稍试一下水，看看它是否奏效，那就不要向伊梅尔特寻求安慰了。正如他在2017年年中迫于不满的投资人的压力而离开公司时所写的那样，时代要求我们全心全意投身改革：

> 你不能把转型看成是实验。我们处理数字产品的方式，和其他工业及消费品公司截然不同。大多数人会说："我们将入股一家数字初创企业，这就是我们的战略。"在我看来，这只是试一下水而已。我想以足够快的速度发展到足够大的规模，让它变得有意义。我的观点是，通用电气和别的公司一样，有很好的机会在工业互联网领域获胜，因为我们不是从零开始的：我们拥有2 400亿美元的服务合约的基础，这是已经确定的，此外，我们还拥有大量积压的订单以及提供融资的能力。我们可以在现有优势的基础上做得更好。
>
> 因此，我们在所有的业务中实现了数字化。我说这些的意思是，我们采取了一项重大举措，在产品中嵌入传感器，并建立分析能力，帮助客户从传感器生成的数据中学习。起

---

① 资料来源：Jeffrey R. Immelt, "How I Remade GE," *Harvard Business Review*, September - October, 2017. https: //hbr.org/2017/09/inside-ges-transformation#how-i-remade-ge.

初，我们着力提高他们的服务合约的生产力，例如，延长喷气式发动机的正常运行时间或者飞机在空中飞行的时间，并且缩短大修所需的周转时间。在那之后，我们在业务中建立了新的功能，并开始向现有的客户推销这些功能，帮助他们像我们一样运用分析结果。然后，我们开辟了Predix平台，目的是为工业互联网设计操作系统。①

通用电气也观察了一些现有的物联网平台，但最终决定，没有哪个真正适合大规模工业数字化的要求，因此建立了基于云计算的Predix平台，在恒定的闭环数据流的基础上继续发展。闭环数据流中的数据从工厂的生产车间和生产现场流出。Predix平台既是通用电气自己内部数字化的平台，也越来越作为面向他人的基于云的服务平台来推销。2016年，通用电气通过Predix边缘系统，将Predix扩展到"边缘计算"。这使得Predix成为一个分布式的操作系统，而不仅仅是基于云的操作系统，这样一来，它可以分析收集数据的传感器所在位置或者附近的数据，因为基于数据的设备接近于瞬时调整，这对优化效率和减少问题至关重要。正如美国国际数据公司报道的："用于在发生泄漏时关闭管道的代码，应当尽可能地在靠近泄漏的传感器上运行，而不是在云端运行，因为在云端运行的话，关闭命令到达泄漏现场，会有更长的

---

① 资料来源：Jeffrey R. Immelt, "How I Remade GE," *Harvard Business Review*, September‐October, 2017. https： //hbr.org/2017/09/inside-ges-transformation#how-i-remade-ge.

时延。"①

伊梅尔特为工业物联网转型而设定的目标似乎是缺乏想象力的，但实际上，如果成功的话，可能对全球经济的成本及可持续性产生巨大影响，因为它着重于制造，而不是推出花哨的社交媒体 App，同时也因为它重点关注经济中那些降低运营效率的重大转变。其具体目标是"1%的力量"，即通过缩短停机时间和降低能源消耗等一系列因素的共同发力，全球的工业至少提高1%的效率，会带来数千亿美元的经济收益。这种结果在实践中更加显著，它所关注的行业的效率提升了20%甚至更多。"这些绩效，提高了各个行业企业的竞争力和盈利能力，将推动就业和收入更加强劲地增长，从而产生可观的经济效益。"②

卓越工厂

与西门子类似，自从开始致力于发展物联网以来，通用电气取得的成功，在很大程度上得益于内部业务与销售的产品和服务之间的无缝集成。换句话讲，通用电气使用物联网作为其实验室，而美国国际数据公司将通用电气内部的成功引述为一种关键的营销力量："国际数据公司的MarketScape赞赏通用电气数字产业转型的故事，将其引用为各公司同样启动自己的数字转型的证据和

---

① 资料来源："GE Digital is taking Predix out to the edge of IoT," *IDG Connect*, November 15, 2016. http://www.idgconnect.com/abstract/22612/ge-digital-taking-predix-edge-iot.
② 资料来源：Marco Annunziata, "The Moment for Industry," GE, October, 2015. https://s3.amazonaws.com/dsg.files.app.content.prod/gereports/wp-content/uploads/2015/09/29153350/Annunziata_Moment-for-industry_Final1.pdf.

号召。"①

通用电气工业物联网战略的任何组成部分都没有像"卓越工厂"计划那样强调这些基本要素。如今，该公司内部将遍及全球的500多家工厂中的约100家列为"卓越"。这些工厂结合了精益制造和高级制造、3D打印以及先进的数字化，以最大限度地提高生产力和利润。在最初成功的基础上，公司现在正在向其他公司推销这项服务。

卓越工厂之所以成为可能，是因为该公司为"卓越制造"（Brilliant Manufacturing）软件贴上的标签。这款软件将制造的每个方面都连接成一个无缝的整体。由此产生的数据从流程的各部分中的传感器开始流动，然后进行分析，以改进产品和流程本身。由于各方面之间的协调，这些效益令人印象深刻，触及业务的方方面面：

- 利用通用电气运输公司（GE Transportation）设在宾夕法尼亚州格罗夫城（Grove City）的工厂的实时传感器数据，可以实现更好的管理维护，使意外停机时间减少了10%~20%。
- 使一家全球消费品包装商品公司（也是通用电气的客户）减少了20%的库存。

---

① 资料来源：Bill Ruh, "IDC Marketscape Names GE Digital a Leader in IoT Platform Landscape," *GE Digital*, 2017. https://www.ge.com/digital/blog/idc-marketscape-names-ge-digital-leader-iot-platform-software.

- 使一家全球化工公司的某个关键类别的产品产能恢复了20%，帮助该客户延缓了购置新生产线的支出。[①]

与西门子类似，通用电气甚至通过最先进的3D打印技术，将增材制造作为"卓越工厂"组合的一部分，这是物联网（与AR技术一样）将新开发的数字技术添加到整体组合中的一个令人振奋的例子。

从客户网络中学习

在致力于发展工业物联网方面，通用电气密切关注消费者互联网及其数字化的影响，这也是其他公司应该考虑做的一件事情。通用电气转型路线图的一个关键环节，其中部分是通过以下这些举措实现的：一是在圣拉蒙（San Ramon）建造一个大型软件开发设施，二是聘请思科公司的资深人士比尔·鲁赫（Bill Ruh）管理该设施，三是与多家互联网巨头建立合作关系。通用电气还仔细研究了以消费者为中心的互联网公司的成功经验。公司软件研究副总裁科林·帕里斯博士说：

像苹果、谷歌和亚马逊这样的互联网巨头已经从人们的见解中创造了价值。包括那些创造了App的人们，在互联网上搜索或者寻找感兴趣主题的人们，网购自己想要的东西的人们。他们利用人类共享的知识，创造了"数字孪生"来搭

---

① 资料来源："Brilliant Manufacturing: Digitize to Thrive," GE Digital Manufacturing Solutions. https://www.ge.com/digital/brilliant-manufacturing

建新的商业平台。苹果创建了"App商店",谷歌将"搜索"打造成了"广告"业务,亚马逊构建了在线零售帝国。①

正如我们在第三章中看到的,消费者领域的一个特殊交叉是通用电气所说的"工业App",也就是一些专为设备远程操作而设计的应用程序。就像通用电气前首席经济学家马可·阿隆齐奥塔(Marco Annunziata)所写的:

> 工业App将给整个经济带来更高效率。它们使我们能从可再生物体中生产更多能源,并且更有效地利用这些能源,从而刺激能源行业的重大变革。它们使医疗保健更好更实惠,它们将减少医院和机场的延误,它们与新的生产技术结合起来,有助于在新的地方促进制造业发展,在新兴经济体中创造就业和加速增长。工业App对我们生活的影响,将比消费App更强大,即使可能不那么明显。②

通用电气完全集成工业物联网方法的另一个关键因素是转向预测性维护,包括提供内部维护服务和外部维修服务,从而通过

---

① 资料来源:Dr. Colin Parris, "A Twin-building Army: GE Previews Firstever Digital Twin Analytics Workbench," *GE*, October 24, 2017. https://www.linkedin.com/pulse/twin-building-armyge-previews-first-ever-digital-twin-colin-parris/.

② 资料来源:Marco Annunziata, "Marco Annunziata: The Industrial App Economy Is Ready for Its Download," *GE Reports*, September 29, 2015. https://www.ge.com/reports/marco-annunziata-the-industrial-app-economy-is-ready-for-its-download/.

减少计划外的维修与维护,创造了全新的收入流。预见性维护是另一个新兴战略考虑的部分,该新兴战略是作为物联网整体战略的一分子来考虑的,那就是资产绩效管理(asset performance management,简写为APM),其目的是通过降低维护成本和减少紧急维修,使得厂房和资产的可用性及整体运作效率最大化,从而优化公司的经营性资产,如厂房、设备和基础设施等。

完全集成工业物联网的方法,甚至可以带来全新的营销策略。正如前面提到的那样,通用电气不再销售喷气式涡轮发动机等产品,而是转为租赁(由于可靠性大幅提高和维修成本降低),客户的费用取决于涡轮发动机产生的推力或者其他一些新的指标。这在集体失明的时代是不可能的,因为在那个时代,一旦产品离开了制造商的工厂,制造商对其状况就一无所知了。

工业物联网让通用电气走向全球

通用电气的主业已成为全球性的,无论是从字面上理解还是将其作为一个比喻。伊梅尔特的主要任务之一是大幅增加公司在美国以外的全球收入。2011年,他组建了通用电气的全球增长组织,负责大幅扩大其在新兴市场的业务。此后,在美国以外的国家和地区,营业收入已增长至670亿美元,占全球总收入的59%。[①]

通过形象化的全球思维(并充分利用"共享而不囤积数据"

---

① 资料来源:Ranjay Gulati, "GE's Global Growth Experiment," *Harvard Business Review*, September - October 2017. https://hbr.org/2017/09/inside-ges-transformation#ges-global-growthexperiment.

这一基本真理），通用电气还意识到，来自某个行业的物联网的经验教训，也可以应用于其他行业。阿隆齐奥塔在书中说，正如消费App开发已成为全球趋势一样，为提高工业效率，我们可以"充分运用'全球大脑'的力量——全世界数百万人分布式的和互联的智慧"。①同样，通用电气决定在整个公司范围内分享物联网计划的成果，创建了通用电气商店，这是一个横向的全球知识交流平台，使得公司的所有部门都可以运用某一部门的数据和经验，在各自的领域进行类似的创新。

尽管这很难量化，但这一方面的免费数据访问有一个额外的好处。在另一家公司，拥有另一套专业知识与经验的人们可能会从相同的数据中看到完全不同的经验教训。

工业物联网已经带来了变革，但效果略显滞后

通用电气被公认为是向工业物联网过渡的领军者，但并不意味着这会很容易做到。同时，这些改进也没有让投资者满意。伊梅尔特于2017年年中提前离职，华尔街仍在批评他的管理和业绩不佳。②然而，他的继任者约翰·弗兰纳里（John Flannery）依然致力于发展工业物联网：

---

① 资料来源：2018年3月7日通用电气能源和水处理公司能源存储部前总裁兼总经理普雷斯科特·洛根发给作者的电子邮件。
② 资料来源：Ron Miller, "In Spite of Digital Transformation, 2017 Did Not Yield the Desired Financial Results for GE," *TechCrunch*, December 10, 2017. https://techcrunch.com/2017/12/10/in-spiteof-digital-transformation-2017-did-not-yield-the-desiredfinancial-results-for-ge/.

我们完全接受了数字产业转型，我们相信它具备改变世界的潜力。对我们的客户来讲，数字化将创新和生产力提升到了一个新水平，他们看到了实实在在的成果。这种现象正在我们的每一项业务中发生。如今，我们正把这些成果直接传递给我们的客户。①

　　西门子和通用电气都有百余年的历史，也都是领先的物联网公司，这在很大程度上是因为它们很早就意识到数字与实物的融合不可避免，并且致力于谋求变革。此外，它们的数字产品的可信度基本上源于这样一个事实：它们都将自己的内部业务用作新服务的实验室，这是数字孪生的一个例子。虽然你的公司可能没有在工业时代扎下深厚的根基，但要想实现物联网的飞跃，可以从它们身上学到很多东西。

自我评估

1. 西门子的软件工程师只需走到大楼的另一边，与机车设计师交谈，就能立即了解现场的实际情况。你能做些什么来激发同样的相互作用？
2. 通用电气从互联网巨头身上吸取了经验教训，为工业客户提供各种服务。你是否曾经为你的公司正式地分析过互

---

① 资料来源：John Flannery, "Our Future Is Digital," *GE Digital*, October 2017. https://www.ge.com/digital/blog/our-future-digital.

网企业的类似经验教训？从中学到了什么？

3. 西门子和通用电气都将自己的业务作为物联网服务的实验品，最终将其商业化，并且面向其他公司销售。你怎么做到这一点？

4. 西门子和通用电气都在早期就尽全力发展物联网，而不仅仅是进行实验，因为他们看到数字－实物的革命对物质产品来说不可避免。你做出过类似的决策吗？如果没有，为什么呢？

第六章

精明的公司已经知道物联网将改变游戏规则

如果你公司的历史不到100年，在主要工业产品和物联网软件方面都没有站稳脚跟，那么你可能发现它很难与西门子或通用电气相提并论。这很公平，但好消息是，在全球经济的每个领域，不论是主流企业还是政府机构，也无论规模大小、老牌企业还是初创企业，都已经致力于发展物联网，并且取得了实实在在的经济效益。在接下来的示例中，你一定能找到至少一个例子，促使你开始向着基于物联网的发展战略进军。

重要的是记住，渐进增长的策略是可行的，尤其是在物联网最有效的切入点上，这个切入点就是：将现有设备转换为智能设备。是的，作为智能设备的基础而设计的机器和个人设备最具成本效益和效率，但在多数情况下，随着时间的推移逐渐增加传感器，可以从一开始就提高效率，并且带来惊人的精度和自我调节水平。

精度和效率达到前所未有的水平

企业利用物联网获得的最大好处或许足以引起所有人的关

注：精度和效率达到前所未有的水平。如果我们回顾企业在集体失明解除之前都曾面临的现实困境，那么会发现这种好处是合理而且可以预测的：过去，各公司之间存在着如此巨大的"数据鸿沟"，基本上不可能真正地协作以跨越这些鸿沟，因为它们不仅存在于公司内部的各部门之间，还存在于公司与外部合作伙伴之间，如供应链或者分销网络和零售商，结果，这就产生了诸如过度库存与/或零部件短缺等现象。这也是可以理解的（还记得"即时"吗？更恰当的说法应该是"某种程度上的及时"）。

用共享访问涉及生产、销售和维修的实时数据来填补这些数据鸿沟，你就可以看到这些市场参与者之间的实时协作是如何实现的。随之而来的是前所未有的精确。

装配线内部同样如此，尤其是在"机器对机器"的控制中，如今可以在不需要人工干预的情况下对流程进行细微调整。

难怪各种规模的精明公司都在投资物联网。

理想的第一步是在现有的制造设备上增加传感器，以便实时监控设备运行情况，因为这既能将前期成本降至最低，又能在短期内提高运营效率。虽然越来越多的装配线设备正在安装传感器，但那些在寿命较长的传统机械上投入巨资的公司，最感兴趣的是更新现有设备。

瑞典制造商 ABB 公司凭借其 ABB Ability 智能传感器实现了这一目标，该传感器安装在低压感应电机上，这是一种非常常见和古老的电机。由于人们无法预知大多数这些电机可能出现的问题，因此目前仍然是运行到故障出现时为止。将附加的传感器添加到电机上,能够及时发现需要维修的问题,从而进行预测性维修,并避免这些电机在发生故障时造成的二次损坏,从而降低维修和停机成本。这解决了约75%的发生低压电机故障的隐患,并缩短了约70%的停机时间。

也许最重要的是,智能传感器不需要布线,从而进一步简化和降低了改造成本。传感器使用智能手机将电机运行的信息发送到一个安全的服务器,预计取得回报的时间不超过一年。[①]

供应链物流

居住在美国东北部地区的人们经常会体会到,在这里,石油是供暖的主要原料,所以他们渴望减少试图在住宅车道上行驶的大型货车。尤其是当一辆卡车侧滑到你家干净的池塘里,需要几个小时来拖曳时。正如你猜测的那样,这对我来说并不是一个假想的场景。一直以来,石油运输行业的技术含量始终很低,运送石油的车主们常常在不需要石油的情况下频繁送货,以避免在某个寒冷刺骨的冬夜去面对那些烧光了燃油的愤怒的顾客们。

如今,物联网改变了这一切,大大节省了经销商不必要的送货。总部位于新罕布什尔州的网络服务(NaaS)机器对机器运营商塞内特(Senet)正在安装两万个LoRa传感器,这些传感器与IBM的软件配对使用,用于追踪丙烷和油罐中的燃料量。传感器

---

① 资料来源:ABB,"ABB Smart Sensor FAQ." http://new.abb.com/motorsgenerators/service/advanced-services/smart-sensor/faq.

每小时收集并安全地向燃料供应商传输数据一次，包括燃料量、仪表状态、传感器状态和传感器重新校准报告。LoRa传感器是基本配置，因为它们只需要很少的电池电量。

新罕布什尔州的普罗克斯石油与丙烷（Proulx Oil and Propane）经销商詹姆斯·普罗克斯（James Proulx）表示，他的公司每年为每位客户减少了近3次不必要的出行。由于有了这些实时数据，客户每次出行的时候都会运送更多的石油，而且还降低了送货成本。根据普罗克斯的说法，由于物联网"共享数据"的基本真理，产生了意想不到的提升客户满意度的效果：公司的顾客也可以访问数据，这样一来，公司就能告诉客户，他们离开家的时候油箱里有多少油，而不必去地下室看原油箱上的原始浮表。普罗克斯说道："我们时时刻刻都可以远程了解每个油箱的情况……现在，和客户的合作关系更好了。"①

正如前面提到的，寻求突破性解决方案的一个好方法是，关注某个不但面临困难问题而且面临极端问题（甚至是生死攸关的问题）的组织，因为它们更有可能在寻找解决方案时真正跳出思维的窠臼。

你可能认为你的供应链运转不畅，但它是不是需要紧急运送人体移植器官，以挽救某位患者的生命，而且要在特定的条件下运送（比如在运输途中不能打开装有器官的容器或者产生其他损害）？

---

① 资料来源：IBM Research, "Senet Uses LoRa and IBM Long Range Signaling and Control to Launch New Business Model." https: //www.youtube.com/watch?v=OTzBSTROcy8.

这就是医院开始依赖联邦快递（FedEx）创新的传感系统的原因。使用了这项高级服务的包裹，无论是人体心脏还是其他无价的人工制品，都会被赋予一个智能标签，通过该标签，可以检测一系列情况，比如温度变化或者光照（一旦有光照，表明包裹被打开了）。同样重要的是，发货方和接收方都可以实时访问这些信息，这对于医院了解何时为接收方做好准备并组建运营团队是至关重要的。

有一个案例突显了基于位置的实时信息在SenseAware包裹运送中至关重要的作用：一家医院原本计划将一个肾脏横跨美国，运送到另一边的医院去进行移植，但运送人员错过了飞机。发货人立即找回这个肾脏，并且确定，如果等到第二天早上再发货，肾脏的移植手术将无法成功。所以，发货人再次使用实时数据，当即找到第二名需要这个肾脏的患者，并成功地及时将其送到另一家医院，对第二名患者做了移植手术。[①]

决策优化

各公司发现，在整个工厂范围内进行数据监测和分析，由此产生的大量数据有着多重好处，不仅使得操作更加流畅，还能优化决策。管理人员不但可以访问装配线上的实时数据，还可以访

[①] 资料来源：Ken Ying, "How Technology Is Enhancing Shipment Visibility and Saving Lives," *MNX Global Logistics*, March 8, 2017. http://news.mnx.com/2017/03/technology-enhancing-shipmentvisibility-saving-lives/.

问供应链和其他重要信息源提供的信息,而这些信息,过去根本无法获得。

戴姆勒卡车北美公司(Daimler Trucks North America)的首席信息官迪特尔·哈班(Dieter Haban)说:"我们产生并收集了大量数据,以了解在卡车组装过程中我们到底掌握了多少情况。现在,我们可以向管理层提供仪表盘上的信息,实时了解任何零部件短缺的情况和车辆状况。"①

同样,三菱(Mitsubishi)和英特尔(Intel)联手开发了另一个厂内系统,将英特尔马来西亚工厂中整个厂区范围内的传感器与大数据分析技术结合起来,节省了900万美元的成本,并且提升了决策水平。英特尔发布报告称,关键是学会更有创造性地处理因监测装配线而产生的大数据:"真正的机遇在于如何以不同的方式结合……数据,这不但能让你了解工厂如何运营,更重要的是,能让你预测工厂下一分钟、下一个小时、下一个班次、第二天将会如何运营。"其他方面的好处还包括延长设备正常运行时间和进行预测性维护。②

有时候,仅仅通过地理位置就知道东西在哪里,也非常重要。汉堡港(Port of Hamburg)就是种情况。汉堡港是世界上最繁忙的

---

① 资料来源:Cisco, "Digital Manufacturing Powers a Better Way to Build Trucks." https://www.cisco.com/c/dam/en_us/solutions/industries/docs/manufacturing/daimler-full-customer-casestudy.pdf.

② 资料来源:"IoT in Action—Real-World IoT Deployment in an Intel Factory." https://www.intel.com/content/www/us/en/internet-ofthings/videos/iot-in-action-video.html.

港口之一，也是德国最大的港口。① 港口每年的货物吞吐量达 1.4 亿吨，每天有多达 4 万辆卡车抵达这里，而且，港口直接或间接提供了 15.6 万个就业岗位。最大的挑战是码头和港口轨道的平稳运行，它们是不可能伸展的。

汉堡港的管理策略是打造一些"智能港口"（smartPORT），通过结合云计算和实时交通管理，使集装箱能够顺畅流转。它的"智能港口"物流平台在思爱普公司的网络物流中心上运行，而网络物流中心又利用了思爱普的 HANA 云平台的数据。这样一来，关于港口内每个集装箱、每艘船舶和每辆卡车的整合数据都能实时共享，简化了货物处理流程。这个系统非常精细，不仅卡车能够实时地获得最佳行驶路线的建议，而且，当司机将卡车停在一座开放的吊桥上时，他还可以到几步之遥的地方用手机买杯咖啡，并且用上折扣券！②

新商业模式/新的收入流

物联网的四个基本真理中的最后一个是"重新思考产品及其角色"。

物联网的这个方面仍处于早期阶段，这在很大程度上是因为

---

① 资料来源："Simpler and Smarter Connections at Germany's Largest Seaport." https://www.sap.com/about/customer-testimonials/public-sector/hamburg-port-authority.html.
② 资料来源：SAP, "Hamburg Port Authority and the Internet of Things." https://www.sap.com/about/customer-testimonials/publicsector/hamburg-port-authority.html#.

需要较早地采取全面措施，以获得关于产品使用及其状态的准确而实时的数据。所有这一切完成后，公司才会第一次有机会以不同方式推销其产品，因为它们将掌握产品真实的、完整的生命周期成本（这些成本它们以前从来没有掌握过），并且可以通过改进设计和预测维护能力来确保可靠性。

由于物联网，德国商用洗碗机的领先制造商温特豪特（Winterhalter）彻底重新思考了公司自身的营销模式。如今，温特豪特为客户提供"按洗付费"的选择。他们的营销文案上写着："按洗付费。没有投资。零风险。温特豪特将商业洗涤提升到了一个新层次：首先，你只有在真正使用洗碗机时才需要付钱。这意味着人人都能满意——无论可用的预算是多少，而且具有最大的灵活性。"

这是一个新的概念，即"服务化"（servitization）：从销售产品到提供全方位的洗涤服务。温特豪特的客户可以在线访问支付系统，选择洗涤次数，然后用信用卡支付。就像通用电气为喷气式涡轮发动机提供的系统一样，客户只需要为使用而付费，而不是在洗碗机没有开启的时候也付费。这对各方都是双赢的：

- 制造商获得了可预测的收入流，而不是一次性销售，因为持续的良好客户关系提升了客户忠诚度，降低了失去客户的可能性（同时，也因为客户的需求在不断得到满足之后，不太可能转投其他商家）。
- 通过预测性维护，客户购买的产品比从前更加可靠，无须进行重大的前期资本投资，随着时间的推移，可能通过软件升级（而不仅仅是硬件）等创新来提高产品性能，只在实际使用产品时支付费用，使得产品成本变得可预测，减小了意想不到的增加成本的可能。
- 因为其产品是升级的而不是被淘汰下来的，减少了填埋到地底的废旧产品，同时，因为这些产品的运行效率更高，对全球变暖的影响也会减小。①

约翰·迪尔公司正在所有行业中最古老的农业领域做同样的事情。农业或许最容易受到全球变暖的影响，尤其是由于日益剧烈的气候波动，人们更加难以客观地监测正在发生的实际情况，特别是在水资源不断萎缩的情况下，难以准确知道何时灌溉以及具体需要多少水来灌溉。

约翰·迪尔控制着美国农业设备市场60%左右的份额，但近年来，由于农业设备销量减少，公司收入不断下滑。现在，该公司通过向农民出售宝贵的实时数据，将来自农场设备的数据与气象服务数据及其他数据结合起来，以确保其正确地使用灌溉用水和肥料，从而填补营业收入的缺口。约翰·迪尔公司首席执行官萨缪尔·阿伦（Samuel Allen）说："一个农民可能不会每年购买一件新的设备，但他每年还在产生数据。这部分业务或许更加稳

---

① 资料来源："Pay per Wash: Winterhalter Focuses on Servitization and Becomes the Pioneer of the 'Business Pay-Per-Use' Model in the Food Industry," *Semioty*, November 23, 2017. https://www.semioty.com/en/iot-blog/pay-wash-winterhalter-pioneerbusiness-model-pay-per-use/.

定。"例如，约翰·迪尔的SeedStar移动App让农民可以逐行监测播种与"单粒种"（singulation）["单粒种"这个术语用于描述从计量器（调节种子流量的机器）中分配种子的间距]。

超过20万台约翰·迪尔的机器可以将农艺数据无线传输到远程服务器，这些服务器将被组织、分析和混合起来，与其他应用程序一同使用，包括协调同一领域的多台机器。①

中小企业也会从物联网中获利

这些好处对大公司来说都是好事，但中小企业可能会有顾虑——物联网带来的好处是否能够大于使用它的成本，尤其是在发展的早期阶段。它们认为，明智的物联网战略是先观察这个领域，等待5年左右的时间，直到它更加成熟、成本更低的时候再进入。真是这么回事吗？下面的几个例子表明物联网工具已经足够成熟，价格已然下降，或许最重要的是，如果还不作为，其代价实在太大，再加上之前无法获得的好处同样巨大，所以，现在才采取行动，已经算是保守的了。

农业上的一个重要例子是葡萄园。物联网的应用不仅仅是灌溉，而且，举例来讲，也可以应用物联网来监测环境湿度和二氧化碳水平，这两个因素可能影响葡萄中单宁（tanin）和花青素

---

① 资料来源：Michael Lev-Ram, "What John Deere Is Doing to Fight Slumping Sales," *Fortune*, November 15, 2015. http://fortune.com/2015/11/15/john-deere-software-services-agriculture-data/.

（这两者会赋予葡萄酒独特的颜色）的含量，或者影响葡萄的酸度（对葡萄酒来讲，葡萄的酸度必须足够高，才能酿造出具有足够年份的酒）。

凯夫拉雅酒庄（Château Kefraya）位于黎巴嫩海拔3 000英尺（约合914米）的地方，可能是世界上最古老的葡萄酒产地。系统集成商Libatel和Libelium公司合作，使用后者的无线传感器来监测葡萄种植条件，收集土壤与气候信息，观察它们如何影响葡萄。

该项目被恰当地称为"精准葡萄栽培"，就像前面提到的其他物联网例子一样，精准栽培的目标是提高生产力和效率，为客户提高葡萄质量，并且适应全球变暖和其他外部变化。正是这种精准性，使得葡萄种植变得如此容易。

以前，这种监测都由人工完成，既昂贵又耗时。现在，Libelium公司的8个Waspmote插头和Sense！智能农业专业节点在进行这些监测工作。其中的6个与葡萄树干的高度相当，它们报告了所有对葡萄栽培至关重要的变量（如温度、湿度、气压、光照量、土壤湿度、土壤温度、光照度）。1个紧邻葡萄园，综合报告该地的外部天气条件和葡萄园的小气候。最后1个传感器用于测试。[①]

另一个例子来自同样受到全球变暖严重影响的海洋渔业。

牡蛎养殖和捕捞尤其需要实时数据，因为牡蛎是"过滤型动物"，其摄入的污染物可能会导致严重的人类疾病。政府机构要求

---

① 资料来源："The first Smart Vineyard in Lebanon chooses Libelium's technology to face the climate change," Libelium, November 29, 2017. http：//www.libelium.com/the-first-smart-vineyard-inlebanon-chooses-libeliums-technology-to-face-the-climatechange/.

对牡蛎进行持续检测，如果检测不合格，牡蛎养殖场必须立即关闭。这一决策通常由降雨预报引发，因为降雨会导致化肥或其他径流污染牡蛎。然而，天气数据往往是在相对较远的地方收集的，可能导致数据不准确，有时还会造成农民的销售损失。如果在实际站点上拥有准确的实时数据，就可以避免不必要的关闭养殖场的操作了。

在塔斯马尼亚岛，博世公司（Bosch）一向专注于汽车行业，但最近投资了一家名为The Yield的初创公司，其专注于包括牡蛎养殖在内的农业物联网应用。

利用博世公司的技术，包括硬件、软件和实时数据管理，牡蛎滩测量站计算水深、盐度、温度和大气压，然后用算法解释数据。农民可以通过查看智能手机来决定什么时候将牡蛎捞起来。而且，还记得"共享而不囤积数据"这一基本真理吧，政府官员也可以实时获取数据，让他们在更好地保护公众健康的同时，将牡蛎养殖场的不必要的关闭时间缩短30%。这是一个双赢的解决方案。这还是一个三赢的解决方案，因为实时数据还会与研究牡蛎疾病的学术研究人员共享。

物联网影响实验室（IoT ImpactLABS）正在美国的马萨诸塞州攻关类似的葡萄园和牡蛎项目。

政府同样欢迎物联网

政府也开始欢迎物联网，西班牙城市巴塞罗那或许就是一个突出的例子。正如前面提到的那样，企业应当出于开明的自身利益参与到智慧城市的建设中来，特别是因为这些举措可能对企业优先事项产生重大的积极影响，比如通过减少交通拥堵来改善交付和物流状况。

智慧城市充分利用了"共享而不囤积数据"这一基本真理，这一点在巴塞罗那最为明显。在前市长泽维尔·特里乌斯（Xavier Trius）的领导下，巴塞罗那启动了物联网计划，通过物联网极大地改善了城市基础设施。另一个有关Libelium公司的例子则显著减少了波布雷诺中心公园的用水量。①

巴塞罗那新任市长艾达·科劳（Ada Colau）同样重视物联网在提高居民生活质量并赋予居民权利方面的作用。正如她的首席技术官兼数字专员弗朗西斯卡·布里亚（Francesca Bria）所说的那样，市长的使命是"从头开始重新思考智慧城市，也就是说重新思考技术，（重点）关注它能为人民做些什么，而不是聚焦某项推动发展进程的技术"。这是新市长从总体上强调以居民为重点的参与式民主的一部分。

巴塞罗那物联网举措的一个关键是共享数据。该市推出了"迈向技术主权的路线图"，以创建一种开源的公共数据基础设施，同时还构建了"一个开源的传感器网络，采用共同的标准连接到由城市自己管理的计算机平台。巴塞罗那政府希望保留自己的网

---

① 资料来源："Saving Water with Smart Irrigation System in Barcelona," Libelium, August 29, 2016. http://www.libelium.com/saving-water-with-smart-irrigation-system-in-barcelona/.

络、平台和数据的所有权，保护居民的数据，同时确保个人和公司能够访问属于公共领域的信息"。①

2008年，哥伦比亚特区首席技术官维维克·昆德拉（Vivek Kundra）和市长阿德里安·芬蒂（Adrian Fenty）实时开放了对40多个重要城市数据库的公众访问权限，举办了"民主App"（Apps for Democracy）的竞赛，竞赛向所有人开放，以便能够设计出充分利用这些数据为公众利益服务的App。这场竞赛催生了一系列有价值的App，并且推动了全球政府公开数据运动（global government open data movement）。②

巴塞罗那智慧城市计划是一个重要的提醒，它告诉我们，物联网项目也应当有定性的一面。它在很大程度上是一种"高科技/高接触"的方式，将在线项目与面对面的社区规划会议等内容结合起来，以创造对话。"这个城市正在提高自身的透明度，邀请公众标记网上发布的市政合同中任何的腐败迹象。同时，作为改善保障性住房供应努力的一部分，该市还在开发一个空置房产和租金的在线地图与登记系统。巴塞罗那希望鼓励当地中小企业利用城市网络和数据来研发产品和推出服务。"③

巴塞罗那发展智能路灯的例子，可以与本书开头描述的大胃王智能垃圾桶的故事相媲美。巴塞罗那正在利用城市基础设施中

---

① 资料来源：Ross Tieman, "Barcelona: Smart City Revolution in Progress," *Financial Times*, October 26, 2017. https: //www.ft.com/content/6d2fe2a8–722c–11e7–93ff–99f383b09ff9.

② 资料来源：Stephenson, *Data Dynamite, op.cit.*

③ 资料来源：同上。

最古老、最简单的部分——路灯,将其改造成一个关键元素,不仅在照明方面发挥作用,而且在其他各种市政服务中同样不可或缺。首先,将路灯换成 LED(发光二极管)灯,其耗电量降低了。传感器可以在探测到附近的行人后提高灯光亮度,以保护行人的安全。同样重要的是,这些灯柱子就像圣诞树一样,为市民提供各种各样的其他重要服务:

- 在整个城市中提供免费的互联网接入服务。
- 使用传感器收集空气质量数据,并与城市机构和公众共享。①

在"共享数据"思想的另一个例子中,巴塞罗那正在与国际组织 CityProtocol 合作制定一个通用的数据共享标准。是的,各个城市仍将争夺新业务和新居民,但它们有许多共同的需求,而使用易于共享的数据库,将使它们能够为了共同的利益共享最佳实践,特别是在全球变暖迫使各城市更加重视复原力的时候。②

---

① 资料来源:Laura Adler, "How Smart City Barcelona Brought the Internet of Things to Life," *Smart City Solutions*, February 18, 2016. http: //datasmart.ash.harvard.edu/news/article/how-smart-citybarcelona-brought-the-internet-of-things-to-life-789.
② 资料来源:Lucas Laursen, "Barcelona's Smart City Ecosystem," *MIT Technology Review*, November 18, 2014. https: //www.technologyreview.com/s/532511/barcelonas-smart-city-ecosystem/.

初创公司

从一开始就在项目中采用物联网战略与技术的初创企业可以充分利用物联网，以摆脱传统设备必须包含的所有烦琐的解决方案，最大限度减轻缺乏实时信息与通信以及传感器微型化带来的影响。

没有什么比下面介绍的两种医疗设备更能说明这一点了，其中一种是AliveCor公司的名为卡迪的心脏监测器，另一种是名为蝴蝶iQ的便携式超声仪。几年来，AliveCor公司一直销售一款附着在智能手机背面的小装置，这种设备只需病人将两根手指分别放在两块面板上，触发App，就能在30秒内完成美国食品药品监督管理局批准的心电图。在实践中，卡迪心脏监测器可能比价值10万美元的住院病人心电图更有帮助，因为病人可以在做日常活动的时候自己动手做心电图，并且对心电图添加注释（比如，"运动过后""冥想之后"），还能与他们的医生分享，使得医生了解病人在日常生活中的心脏功能情况。①

在运行最好的时候，卡迪心脏监测器是物联网的一个绝好例子，因为它的尺寸小、速度快、费用低，而且拓展了医患合作，这在物联网问世之前是不可能的。正如其发明者兼公司首席执行官大卫·阿尔伯特博士（David Albert）所说："让我们将病人与医

---

① 资料来源："New Research Confirms Significance of AliveCor's 30 Second EKG," AliveCor news release, September 6, 2017. https：//www.alivecor.com/press/press_release/new-research-confirmssignificance-of-alivecors-30-second-ekg/.

生直接联系起来,因为最直接的联系是直线。"①

为了展示物联网如何通过添加人工智能的元素来提高产品性能,AliveCor公司最近发布了一个新版本,它可以安装在苹果手表的表带上(名为"卡迪表带与智能心律监测"),将卡迪设备与人工智能模型结合起来,解读苹果手表使用其心率传感器和加速度计收集的心率与活动数据。"它将你的心率和心率随着时间的变化情况与对你每分钟活动水平的预期情况进行比较,并向你展示心率在神经网络预测范围内处在什么位置。当监测网络发现某种它没有预料到的心率和活动模式时,会通知你使用'卡迪表带'再做一次心电图。"显然,住院病人在医院做的测试无法证明活动与心率之间的这种相关性——这对物联网设备来说是一个明显的优势。或者,正如阿尔伯特博士说过的:"我们的技术表明,未来,对心律失常的检测,可以是非侵入性的、超便捷的、高度可靠的。"②

这里要介绍的第二种专营公司的物联网医疗设备,显示了富有想象力的局外人如何通过将制造技术中最新的物联网技术与人工智能结合起来,重新发明一种产品。这种产品就是蝴蝶iQ便携式超声仪,它连接到智能手机上,使用手机的显示器而不需要专门的显示器,并且适合放在口袋里。美国食品药品监督管理局已经批准了13项iQ诊断申请。

---

① 资料来源:2018年1月16日作者对大卫·阿尔伯特博士的电话采访。
② 资料来源:"AliveCor Granted Patent for Proactive Notification of Possible Heart Arrhythmias," Alivecor, December 12, 2017. https://www.alivecor.com/press/press_release/alivecor-grantedpatent-for-proactive-notification-of-possible-heart-arrhythmias/.

有什么证据证明这台超声仪的强大作用呢？发明这种蝴蝶iQ便携式超声仪的医生用它诊断出了自己的癌症，并及时进行了手术和治疗。

　　蝴蝶iQ便携式超声仪的经济学论据也令人信服。正如它的营销口号描述的那样："全身成像，费用不超过2 000美元。"（传统机器的平均售价为11.5万美元）

　　生产蝴蝶iQ便携式超声仪的初创公司在其网站上发布了一段视频，视频显示，医生似乎对它的多功能性和便捷使用性感到惊讶，更不用说它可以在紧要关头即时访问，而且，不需要专家也可以操作。正如一名医生说过的那样："这将引爆整个超声仪领域。"①

　　蝴蝶iQ便携式超声仪不像传统超声仪那样使用三根探针，而是只使用一根探针，并且可以记录身体从表层到深层的状况，这凸显了该公司在不受任何纯物理设备传统束缚的情况下进行革命性变革的潜力。庞大的超声波机器被简化为成本低得多的芯片（还包含大量的信号处理和计算能力），充分利用了为消费电子产品而研发的技术。这种方法不仅能与传统的压电技术相媲美，而且超越了传统压电技术，要知道，一台传统机器的功率成本将超过10万美元。蝴蝶iQ便携式超声仪可以使用与生产智能手机等消费品相同的芯片机器，并且能在不到一张磁盘大小的位置上打印近百个超声系统图。

---

① 资料来源：Dr. J. Christian Fox, "Testimonials," *Butterfly IQ*. https：//www.butterflynetwork.com/testimonials.

蝴蝶iQ便携式超声仪在美国的影响令人难以置信，不过，同样令人难以置信的是，想一想它首次将超声波技术带到发展中国家的潜力，在那些国家，运输一个庞大而敏感的系统的成本和难度，都是难以逾越的障碍。

最后，该公司的人工智能将在几秒钟内指导即使是没有经验的人员完成高质量成像，这展示了其在物联网上嫁接新兴技术的易操作性！①

什么是物联网：物联网变得个人化

这本书集中介绍物联网在企业中的应用，主要是因为，有人估计其70%的效益将在企业对企业（B2B）的基础上实现。②然而，消费者市场本身就很重要，因为它可能产生间接的企业对企业效应。例如，购买和使用个人物联网设备，有可能向各行各业的高管引入物联网，就像20世纪90年代在亚马逊购买节日礼物会让许多同行了解到电子商务的潜在利润一样。这一经历可能给企业高管注入一些勇气，让他们在自己的企业中勇敢尝试引入物联网。

---

① 资料来源："Meet iQ: Whole Body Imaging for Under $2K," Butterfly Network. https://www.butterflynetwork.com/.

② 资料来源：James Manyika, Michael Chui, Peter Bisson, et al, "The Internet of Things: Mapping the Value Beyond the Hype," Mc-Kinsey Global Institute, June, 2015. https://www.mckinsey.com/~/media/McKinsey/Business%20Functions/McKinsey%20Digital/Our%20Insights/The%20Internet%20of%20Things%20The%20value%20of%20digitizing%20the%20physical%20world/The-Internet-of-things-Mapping-the-valuebeyond-the-hype.ashx.

最后，如果你在生产和运营上进行彻底变革，却仍在大量生产同样的老产品，这难道不是很荒谬吗？

为物联网重新设计现有的产品和服务，并且创造新的产品和服务，并不是件容易的事，这主要是因为我们过去没有将实物与数字结合起来。这需要一种新的思维模式和一系列新的技能。你得找到创造性的方法将数字与实物无缝结合在一起，创造出不是仅仅用实物产品能创造出的用户体验。这也是循环式组织愿景的有力论据，因为设计物联网产品，既需要拥有电子零部件，同样也需要设计出实物产品。关于循环式组织的愿景，第八章将重点介绍。

麻省理工学院媒体实验室专家大卫·罗斯（David Rose）是这方面的专家之一，他的《魔法物体：设计、人类欲望和物联网》（*Enchanted Objects：Design，Human Desire，and the Internet of Things*）一书极富吸引力和洞察力。在物联网领域，罗斯并不是一名新手，因为他是"Vitality GloCap物联网药丸提醒系统"的发明者。

罗斯在书中指出，想要充分利用物联网的公司必须避开那些轻浮的设备（说到这里，欧莱雅智能梳子浮现在我的脑海，这种梳子真的有必要吗？），"要从满足最基本的人类渴望开始。这样的话，各公司可以专注于创造能对世界产生积极意义和影响的产品。"①

---

① 资料来源：Andrew Liszewski, "L'Oréal's Smart Hairbrush Knows More About Your Hair Than Your Salon Does." *Gizmodo*, January 3, 2017. https：//gizmodo.com/l-ore-al-s-smart-hairbrush-knowsmore-about-your-hair-t-1790588112; David Rose, *Enchanted Objects：Design, Human Desire, and the Internet of Things*, Scribner. Kindle Edition.

为了满足这一标准，罗斯详细介绍了六大类别，可以说提供了一套方便的参考标准，能够用来评估你正在考虑的任何消费者物联网设备。概括如下：

1. 无所不知："我们有一种贪婪的欲望，总想知道尽可能多的东西，想了解超越事实和信息的东西。"
2. 心灵感应："我们有一种强烈的愿望，那就是与他人的思想和情感建立联系，并且能够轻松、丰富、透明地交流。"
3. 安全保障："感到舒适、安全、自在。"
4. 长生不老："我们梦想活得长久，活到生命的最后一刻。"
5. 心灵移动："不受物理极限或边界的限制而生活。"
6. 表现："我们都希望有创造力，以多种形式和媒介充分表现自己。"①

罗斯说，满足人类深切感受的需求的"魔法物体"的出现，将从我们习以为常的普通实物开始，从灯泡到牙刷。"然后，通过使用诸如传感器、执行器、无线连接和嵌入式处理等新兴技术，普通的物体得到了扩充和增强，变得非同寻常。接下来，魔法物体获得了某种非凡的力量或能力，使它比普通物体更加有用、更

---

① 资料来源：资料来源：Andrew Liszewski, "L'Oréal's Smart Hairbrush Knows More About Your Hair Than Your Salon Does." *Gizmodo*, January 3, 2017. https: //gizmodo.com/l-ore-al-s-smart-hairbrush-knowsmore-about-your-hair-t-1790588112; David Rose, *Enchanted Objects: Design, Human Desire, and the Internet of Things*, Scribner. Kindle Edition, p. 47.

令人愉快、能提供更多信息、更加有感觉、联系更紧密，并且更有吸引力。"①

在设计面向消费者市场的物联网设备时，重要的是记住：人们经常购买、使用和喜欢这些产品，一个主要原因是它们非常个人化。消费者把生活中的个人信息托付给它们，这对各公司来说是一项沉重的责任。确保"基本真理之一：把隐私和安全放在首位"，是最重要的。正如第三章解释的那样，一旦公众对你的产品的信心因为隐私或安全漏洞而丧失，就很难再找回来了。

在撰写本书时，正在运行的叫作Strava的App就遭到了这样的攻击：可能由于这个App的用户包含一些现役军人，导致隐藏在世界各地的美军基地的位置被暴露。这些现役军人的运动路径由这个App所在的公司映射出来，显示为过去未知的地方。②我的儿子曾在这些地方服过役，身为他的父亲，你可以想象我感到多么恐惧。

这个公司可能认为，将个人数据匿名化，可以提供足够的保护，但它犯了一个严重的隐私错误，因为它要求用户选择不让别人报告他们的路径，而不是相反（应当是能够共享个人数据的任

---

① 资料来源：Andrew Liszewski, "L'Oréal's Smart Hairbrush Knows More About Your Hair Than Your Salon Does." *Gizmodo*, January 3, 2017. https://gizmodo.com/l-ore-al-s-smart-hairbrush-knowsmore-about-your-hair-t-1790588112; David Rose, *Enchanted Objects：Design, Human Desire, and the Internet of Things*, Scribner. Kindle Edition.

② 资料来源：Conner Forrest, "Hidden U.S. Military Bases Revealed by Fitness App, Shows Need for IoT Policy," *TechRepublic*, January 29, 2018. https：//www.techrepublic.com/article/hidden-us-militarybases-revealed-by-fitness-app-shows-need-for-iot-policy/.

何 App 的实际标准）。

与此同时，Strava 的情况恰恰说明了隐私和安全保护的要求多么具有挑战性：在此次泄漏隐私之前，谁能料到会出现如此奇怪的潜在问题？Strava 事件威胁到其他所有的物联网设备制造商，仅仅是因为古老的罪恶感的原则。这公平吗？不公平。是真的吗？是真的。

Strava 的灾难，留给我们的最终教训是什么？这是一场永无止境的斗争：你必须从一开始就采取一切合理的隐私和安全措施，然后不断地重新评审它们。像一个精明而疯狂的坏人那样反复思考，以便想出可能的最古怪的威胁和阻止隐私泄漏和安全问题的方法，然后升级你的保护措施。

这是在第八章中详细阐述循环式组织概念的另一个论据，因为负责不断重新评估你的保护措施的团队越是多样化，他们发现隐私与安全漏洞的可能性就越大，如果团队中的任何成员"单打独斗"，则很难发现这样的漏洞。

物联网设计宣言

关于物联网设备的负责任的设计，思考最为周全的观点之一来自一个全球性的合作组织，该组织制定了"物联网设计宣言 1.0"（IoT Design Manifesto 1.0），副标题为"互联世界负责任设计指南"（Guidelines for responsible design in a connected world）。这份宣言精辟简练且富有煽动性，值得一遍又一遍地重复强调，非常符合前面讨论的4个基本真理。请一定要记住：

1. 我们不相信吹得天花乱坠的炒作。我们发誓要对新产品的狂热保持怀疑——仅仅把互联网贴到产品上，并不能解决问题。仅仅通过互联互通实现货币化，几乎不可能保证可持续的商业成功。
2. 我们设计有用的东西。价值来自有目的的产品。我们致力于设计对人们生活有意义的产品，物联网技术只是实现这一目标的工具。
3. 我们的目标是三赢。围绕物联网产品，正在形成一个复杂的利益相关者网络：从用户到企业，再到两者之间的每个人。我们的设计是为了让所有人都能在这场精心设计的交流中获胜。
4. 我们保证每个人和每件物体的安全。互相连接，使得通过产品本身实施攻击的外部安全威胁有了可能，这将带来严重的后果。我们致力于保护我们的用户远离这些危险，无论它们是什么。
5. 我们建立并推广保护隐私的文化。同样严重的威胁也可能来自内部。如果不小心谨慎地应对产品收集的个人信息，就会辜负信任。我们建立并推广一种诚信文化，在这种文化之中，谨慎处理数据应当成为规范。
6. 我们在收集数据时，要经过深思熟虑。这不是囤积数据，我们只是收集有利于提高产品和服务的效用的数据。因此，在确定这些数据点是什么时，必须认真仔细、思虑周全。

7. 我们明确与物联网产品相关的各方。物联网产品之间有着独特的联系，这使得利益相关者之间的信息流更加开放和流畅，催生出一个复杂的、模糊的和无形的网络。我们的责任是使各方之间的动态更加明显，并保证人人都能理解。

8. 我们授权用户成为他们自己领域的主人。用户往往无法控制他们自己在围绕物联网产品的利益相关者网络中的角色。我们认为，应该授权用户就怎样访问他们的数据，以及他们如何通过产品参与数据的访问等方面设定界限。

9. 我们为产品的一生而设计。目前，实物产品与数字服务的使用寿命往往不同。在物联网产品中，各种功能相互依赖，因此，使用寿命需保持一致。我们设计的产品和它们的服务将绑定为一个单一的、经久耐用的物体。

10. 最后，我们是人类。设计是一种有影响力的行为。通过我们的工作，我们有能力影响人与技术之间以及人与人之间的关系。我们不只是利用这种影响力来获取利润或者创造机器人统治者，相反，利用设计来帮助人们、社区和社会走向繁荣，是我们的责任。①

---

① 资料来源："IoT Design Manifesto 1.0." https：//www.iotmanifesto.com/.

总之，以上10条不但是崇高的原则性声明，而且是一个非常实用的框架，目的是创造某种三赢的设备。这也正是各成员的目标。一些忽略了这些原则的开发者创造出了"你能做但并不意味着你应该做"的设备，认为物联网版本不值得花这么多钱，因为它们没有对旧有的"愚蠢"设备进行实质性的改造。将数据收集限制在真正至关重要的范围内，然后保护这些数据，可以减少你面对海量数据的可能，而且避免了不必要地增加你要收集的数据量。用户希望控制和定制他们的设备。总而言之，这份宣言是物联网设备设计的智能工作指南。

物联网设备的突破——智能音箱"亚马逊回声"

任何关于物联网消费设备的讨论，都必须从物联网现象开始：一款名为"亚马逊回声"（Amazon Echo）的智能音箱及其名为Alexa的"语音"。

"亚马逊回声"智能音箱及其较小的版本the Spots等系列产品于2014年首次发布（仅接受邀请），如今已成为畅销产品，2016年销量超过500万个，到2017年销量翻了两番，超过2 000万个。[①]

在同一时期，这些设备变得越来越强大，这不仅是因为技术的进步，还因为亚马逊公司真正理解了"共享而不囤积数据"的基本事实。具体来讲，第三方开发人员利用Alexa和它的能力而开

[①] 资料来源：Bret Kinsella, "Amazon Echo and Alexa Stats," *Voicebot.ai*. https：//www.voicebot.ai/amazon-echo-alexa-stats/.

发的"技能"App（这是亚马逊专门用来描述使用其智能家居技能应用程序界面工具包而开发的App的术语）的数量激增。亚马逊的Alexa语音服务的研发人员程序允许其他同伴创建他们自己的Alexa设备，而由于"网络效应"现象，每台新设备都会让其他设备变得更有价值。

亚马逊董事长杰夫·贝佐斯（Jeff Bezos）在宣布2017年第四季度业绩时称："现在，我们拥有超过3万名外部开发人员的技能，客户可以用Alexa控制1 200个独特品牌的4 000多台智能家居设备，而且我们看到，制造商对我们新的远场语音工具包反响强烈。"①

使用"亚马逊回声"智能音箱的人们都会告诉你，Alexa的魅力来自它能够近乎完美地理解和响应你的命令，它使用最普遍、最简单的输入——人的声音。你无须再找来另一台设备并打开另一个App，只要说话就行了。通过人工智能，你与Alexa交谈得越多，它对你特定的讲话风格、使用特定的词汇以及你个人的特定偏好的反应就越好。

是的，确实有人担心这种智能音箱会一直记录你的声音，容易让你的隐私受到侵犯，但到目前为止，还没有确凿的案例证明这种情况发生过。

我在其他地方写过，"亚马逊回声"智能音箱可能是我的"智能老龄化"（SmartAging）愿景的关键，它将智能健康设备与智能家居设备结合起来，可以帮助老年人更长时间地保持健康，同时

---

① 资料来源："Amazon.Com Announces Fourth Quarter Sales Up 38% to $60.5 Billion." http: //phx.corporate-ir.net/phoenix.zhtml?c=97664&p=irol-reportsother.

可让老年人更容易地管理自己的家庭。总目标是让老年人更健康，摆脱对康复机构的依赖。这种智能音箱通过简单的语音输入，让厌恶科技的老年人无须学习如何编程和运行设备，也能享受它的所有好处。①

Alphabet公司的Nest智能家居设备

过去，另一个抵制数字化的生活领域是家庭。我们所有的设备和家用电器都是机械的，需要手动操作来控制它们，而它们的内部运行高深莫测。这导致了一些问题，比如，在度假的淡季时，度假屋突然遇到寒流，导致水管结冰，或者被迫做出霍布森式的选择：要么上班时开着灯，浪费你的钱和能源；要么晚上等到你回家时家里停电，一片漆黑。更不用说公用事业公司在炎热的夏天无法控制好用电负荷，不得不使用年久失修、效率最低、污染最严重的发电设施，这令他们倍感沮丧。如今，"智能家居"设备可以对单台设备进行远程控制，同时允许一个操作同时控制多台设备。例如，对苹果的HomeKit发出"该睡觉了"的命令，可以同时关闭"秀"灯（Hue light）、Ecobee恒温器，并启动Schlage门锁。

虽然2011年推出的Nest智能恒温器的销量只占到"亚马逊回声"智能音箱的一小部分，但作为首批备受瞩目的物联网消费设备之一，Nest很好地例证了物联网的多重好处。尽管当你不在家

---

① 资料来源：W. David Stephenson, "SmartAging", *Stephenson Blogs on Internet of Things*. http: //www.stephensonstrategies.com/?s=SmartAging.

时，Nest是用一个手机App来控制恒温器（在一场意想不到的冰冻期间检查家里的温度，在你下班回家之前提前给家里升温，等等），但其实，大部分的编程工作通过传感器来完成，这些传感器在安装后的头几个星期之内首先监测你的居住模式，然后通过人工智能自动为设备编程。

其结果令人震惊。Nest智能家居设备为用户节省了数十亿度电，平均节省了10%～12%的取暖费用和15%的制冷费用。[①]它的实物设计优雅精美，安装极其方便。2018年年初，Nest智能家居发布了一个价格更低廉、外表不那么炫酷的版本。在与公用事业公司、政府机构和非营利组织的合作中，Nest正在给100万户低收入家庭安装这种装置。这一举措的初衷是解决所谓的"燃料贫困"。燃料往往是一种影响贫困者的隐性税收，"贫困者通常居住在隔热效果差、炉子效率低的房子里，能源负担中位数为7.2%，相比之下，这些地区高收入家庭的能源负担中位数为2.3%。"[②]Nest的举措是物联网设计宣言实现三赢目标的又一个例子。

更令人印象深刻的是，Nest似乎还体现了"共享而不囤积数据"这一物联网基本真理。在公司内部，Nest已经多元化，推出

[①] 资料来源："Programs Itself, Then Pays for Itself," Nest. https：//nest.com/thermostats/nest-learning-thermostat/overview/.

[②] 这句话的大致意思是，在贫困家庭里，平均的水电气暖等能源的费用支出占家庭收入的7.2%，而在高收入家庭，上述费用的平均支出只占家庭收入的2.3%。——译者注

资料来源：Sami Grover, "Nest Aims to Provide 1 Million Smart Thermostats to Low-Income Families," *Treehugger*, January 9, 2018. https：//www.treehugger.com/energy-efficiency/nest-aimsprovide-1-million-smart-thermostats-low-income-families.html.

了多种配套设备,如烟雾报警器和可协同工作的探测摄像头。每一种设备都因协同工作而变得更有价值。例如,名为"下一道防线"(Next Protect)的烟雾报警器与Nest恒温器相连,一旦发现烟雾,Nest恒温器就会关闭供暖系统,避免问题恶化。

同样重要的是,如果房主同意加入,Nest将向合作的公司提供这些设备的匿名数据,从而实现另一种形式的三赢。烟雾报警数据可以降低房主的家庭保险费,同时为电力或天然气等公用事业公司提供数据,将房主一家纳入智能电网。通过Nest的"高峰时段奖励"(Rush Hour Rewards),如果房主在用电高峰期减少用电量,可以获得一次性的奖励,而相应的公用事业公司或许可以避免启动其应对"用电高峰"的机组,也就是那些年久失修、效率最低、污染最严重的机组。前面介绍的是"三赢"中的两个赢家。第三个赢家是什么呢?是全球环境,因为这些项目减少了排放,有助于遏制全球变暖。[1]

3年来,Nest一直是Alphabet的子公司,而Alphabet还是谷歌的母公司。2018年年初,Nest作为硬件部门的一部分被重新纳入谷歌,通过谷歌在机器学习和人工智能方面的举措,最大限度地发挥与谷歌家居(Google Home)等其他硬件项目的协同作用。[2]

Nest等智能家居设备是绝佳的例子,能够证明物联网以纯粹

---

[1] 资料来源:"Learn More About Rush Hour Rewards." https://nest.com/support/article/What-is-Rush-Hour-Rewards.

[2] 资料来源:Nick Statt, "Nest Is Rejoining Google to Better Compete with Amazon and Apple," *The Verge*, February 7, 2018. https://www.theverge.com/2018/2/7/16987002/nest-google-alphabet-smart-home-competition-amazon-alexa-apple

的机械流程来接管家居设备,从启用恒温器到控制电灯等,并且将家居转变为数字与实物的结合,既消除浪费,又增加舒适度,还提高了客户忠诚度。

苹果手表

通用电气的威廉·鲁赫曾经预测:总有一天,也许每个人都有一个从出生开始就如影随形的"数字孪生",帮助他们接受医疗保健服务,使得他们有可能对自己的身体进行"预测性维护"。前面提过的卡迪智能手机附件是朝着这个方向迈出的第一步。正如其发明者大卫·阿尔伯特博士告诉我的,他的愿望是"将病人与医生直接联系起来,因为最直接的联系是直线"。①

无论是为了激励我们自己提高健康水平,还是为了揭示此前我们自己并没有掌握的健康状况,可穿戴设备是实时准确报告我们的身体数据的关键。在形形色色的可穿戴设备中,最畅销的当属苹果手表,它不仅兼具健康与健身功能,还综合了个人效能与娱乐功能(包括回复信息时发送表情符号的关键功能),它甚至还能报时。难怪这款手表经常被称为苹果公司最个人化的产品:它的大部分价值来自收集、传输和分析佩戴者的数据。②

---

① 资料来源:2018年1月16日作者对大卫·阿尔伯特博士的采访。
② 资料来源:"Apple Watch Is the Highest Selling Wearable in Q3 2017 with a 23% Market Share, Says Canalys report," *Tech2*, November 15, 2017. http://www.firstpost.com/tech/news-analysis/applewatch-is-the-highest-selling-wearable-in-q3-2017-with-a-23-market-share-says-canalys-report-4210361.html.

这款多功能手表的关键部件之一，是手表背面的4个复杂精密的传感器。它们让人们能够创建极为精确的算法来跟踪20多种特定的健身活动，从户外跑步到室内散步，从摇划船机到踩椭圆机。苹果手表自问世以来，同样也将"分享而不囤积数据"这一基本事实付诸应用，一直在鼓励包括斯坦福大学在内的久负盛名的医疗机构等独立开发者利用苹果手表源源不断的数据流开发更多应用。

和许多其他物联网设备一样，数据流是恒定的、实时的，这一事实允许在设计App时让用户（在某些情况下，还包括他们的医院或医生）及时了解身体中的重要变化，以便根据这些信息采取行动。没错，事后信息仍然有价值，但是，能够根据即时信息立即采取行动，却比事后才获得的信息重要得多，这也是苹果手表将关键的日常活动数据显示为三个同心圆的原因之一。一个最令人难忘的例子是在苹果手表刚刚问世后不久，有一名高中足球运动员在波士顿郊区练习时突感不适，并且从他佩戴的苹果手表上获得一条警报，警报显示他的心率异常高，于是他及时寻求救助，最终在医院接受检查发现，由于一种罕见的疾病，他的心脏、肝脏和肾脏都在衰竭。①

2018年年初，一家名为Cardiogram的App公司宣布，其App

---

① 资料来源：Jennifer Newton, "Teenage Football Player's Life Is Saved by His Apple Watch After It Showed His Heart Rate Was Dan gerously High," *Daily Mail*, September 23, 2015. The teen not only recovered but was also offered an internship with Apple. http://www.dailymail.co.uk/news/article-3246154/Teenagefootball-player-s-life-saved-Apple-Watch-showed-heart-ratedangerously-high.html#ixzz56odiUKGr.

在区分糖尿病患者和非糖尿病患者方面的准确率达到85%。该App是这家公司与加州大学旧金山分校合作开发的,使用了公司的DeepHeart神经网络。这个事例十分重要,因为它表明,我们可以分析来自用户的连续数据流,揭示以前未知的相互关系。在可穿戴设备问世之前,人们从来没有收集和分析过这些数据。较早发现糖尿病,可以对疾病进行早期干预,减轻疾病的症状(想一想喷气式涡轮发动机的预测性维护,这与在早期发现糖尿病有着惊人的相似之处)。①同样,那些能够轻松观察自己的身体活动的人们(或者,假如他们没有关掉手表上的圆圈,就无法轻松察看自己的身体活动)可能会更加频繁、更长时间地从事身体锻炼。

"秀"灯

除了Nest恒温器,另一款早期智能家居设备也已成为主流,那就是2012年推出的飞利浦LED"秀"灯。

这种"秀"灯,除了有一个只显示白光的灯泡外,还有一个由三种元素组成的灯泡,后者可以组合出1 600万种不同的颜色。它通过Zigbee协议与其他灯泡和控制集线器通信,较新款式的"秀"灯可由苹果的HomeKit平台控制。

---

① 资料来源:Sarah Buhr. "The Apple Watch Can Detect Diabetes with an 85% Accuracy, Cardiogram Study Says," *TechCrunch*, February 7, 2018. https://techcrunch.com/2018/02/07/the-apple-watchcan-detect-diabetes-with-an-85-accuracy-cardiogram-study-says/.

飞利浦公司称，在推出"秀"灯的灯泡的同时，2013年年初公司又发布了用于为灯泡创建控件的应用程序界面。根据"秀"灯的系统架构师乔治·雅尼（George Yianni）的说法："我们实际上想要帮助、发展和鼓励这个社群，为他们提供工具和适当的文档。同时，我们想向他们承诺，这是应用程序界面，我们会持续支持它，它不会在一夜之间改变。"① 使用这个应用程序界面，"秀"灯成为之前提到的自助IFTTT网站上最受欢迎的设备之一，用户创建了IFTTT的"秘诀"，制造了各种不同的色调，从最适合集中注意力的色调（由一群神经学家研究出来），到"情人节醒来时看到玫瑰的颜色"。②

然而，开放的应用程序界面并非没有风险。2016年，一个由加拿大和以色列的文明黑客组成的团队展示了黑客如何入侵灯泡网络，从而制造出一场"全市范围的突发事件"。在该事件中，黑客占领整个城区的系统，造成严重破坏。飞利浦公司的代表声称，他们会通过安全更新来解决这个问题。③

尽管这些消费者物联网设备各有各的功能，从智能音箱到恒温器，从智能手表到"秀"灯，但它们与我们之前看到的工业物联网设备有着惊人的相似之处，主要表现在：

---

① 资料来源：Darrell Etherington，"Philips Debuts Open APIs And An iOS SDK For Hue Connected Lighting System，"*TechCrunch*，March 10, 2013. https: //techcrunch.com/2013/03/10/philipshue-lighting-sdk-ios/.
② 资料来源："Philips Hue，"*IFTTT*. https: //ifttt.com/hue.
③ 资料来源：Ry Crist，"New Study Details a Security Flaw with Philips Hue Smart Bulbs，"*C|NET*，November 3, 2016. https: //www.cnet.com/news/new-study-details-a-security-flaw-with-philips-huesmart-bulbs/.

- 由于网络效应现象，在开放和共享数据流时，可以产生更大影响。
- 在我们具备收集和分析实时数据的能力之前，可以消除妨碍我们理解各种现象的"集体失明"的障碍。
- 具备一种新的能力，即如果问题能够在早期阶段记录下来的话，可以采取预防措施，将问题及其影响最小化。

这一模式表明，随着向物联网思维的转变成为常态，将来，当这些方法及其背后的基本事实变得司空见惯时，我们能够发展更可靠、更有效的物联网设备和实践。

一方面，物联网的组件（尤其是新兴的虚拟现实、人工智能等）将继续发展，变得不那么昂贵；另一方面，某种可行的物联网战略的所有组件都已经可用，尤其是当你开始你的旅程时，要强调使用物联网来提高你已经制作的东西和制作方式的精确度。在这个阶段的基础上，你可以开始使用许多相同的组件来对组织的方方面面进行更加基本的变革，我们将在下一章中看到这一点。

自我评估

1. 本章中的例子是否有助于减轻你对物联网转型的恐惧，是否让你感到转型并非如此艰难？
2. 由于缺乏关于制造过程、维护和产品设计的可操作的实时数据,你当前的运营在哪些领域受到了阻碍,并且增加了成本?关于这些因素的实时数据将如何提高精确度并降低成本?

3. 基于物联网的初创公司的例子是否让你意识到,物联网可以从根本上改造你公司的产品?如果你的产品没有进行类似的转型,竞争地位会面临哪些风险?

第三部分

万物智联的未来

第七章

将所有要素综合起来的物联网雪球

前几章提供了一些例子，说明物联网已经如何为公司和客户带来了重要的效益，哪怕是在它的早期，而且只有部分实现，也让公司有所收获。

然而，到目前为止发生的一切只是让我们零星地看到，当物联网思维（也就是说，完全地接受和内化关于物联网的四个基本真理）变得司空见惯、传感器和平台等关键组件变得强大且完全负担得起、网络效应在物联网中变得习以为常时，惊人的转变才会发生。设备仍然是实物的，也将是数字化的，具有令人难以置信的能力。

本章描述当实物与数字完全融合后会发生什么，聚焦于已经实现重大变革的公司的战略，而它们之所以实现了重大变革，通常是因为，它们要么是没有受到"集体失明"影响的初创企业，要么是过去没能观察产品生命周期的各个方面，导致公司或客户面临无法接受的风险水平。

我们将物联网产品命名为"智能联网设备"，这个名字是迈克尔·波特和詹姆斯·赫佩尔曼在《哈佛商业评论》上发表的关于物联网的开创性系列文章中所起的名字。这是我们能找到的对智能产品（以及一些服务）的最简洁的描述，因为它同时强调了实物与数字。①

那么，怎样设计、制造、销售、使用和维护智能联网设备呢？从战略和财务的角度来看，最合理的做法是首先通过更精确的制造来提高当前的运营效率，然后将节省下来的成本用于更加全面、更难以实现的产品设计和维护维修领域。

然而，物联网公司未来最具革命性的方面将是，从这些因素中的某个到下一个因素之间，不会再是一个整齐划一的线性流程，而且，你不会对每个因素都采取离散的策略。这一点，我们绝对有必要了解。每个方面都将在每一个步骤中不可分割地联系在一起。实物与数字的无缝融合，将催生一个永无止境的循环。

最好是把结果想象成一个雪球，当它滚下山时，会越滚越大。对于物联网来讲，每增加一个因素，它就会获得更大的动量，它的规模也会越来越大。接下来的大多数例子反映了多种多样的好处。这就是物联网的本质：将实物和数字融合在一起，让单个例子成为整个物联网的缩影。

精度

在基于物联网的企业的所有组成部分中，最先进的组成部分之一是制造精度的提高，其标志性代表是西门子"未来工

---

① 资料来源：Porter and Heppelmann, *op.cit.*

厂"99.9985%的合格率。想象一下，如果这个比率成为各工厂的常态，会对经济和环境带来怎样的良好影响？甚至在你优化产品设计和改进维护之前，也可以从更高效、更精确的制造中获得根本的效益，然后可以在别的领域进行再投资。当你给某种综合的方法增添新的组件时，效益就会像雪球那样越滚越大。

向着不可避免的实物与数字融合的制造业而转型的概念，不仅涉及产品，而且涉及制造流程的方方面面，完美地体现在"工业4.0"概念之中，这一概念是德国政府于2011年在汉诺威工业博览会活动期间引入的。

这与传统的制造方式大不相同，在传统的制造方式中，装配线的某个部分的延迟或维护可能导致整条装配线停工，而最好的管理方式是追踪相对较少的性能指标（通常是在生产完成后），并且手动调节设备。考虑到这个过程的复杂性，任何真正优化生产效能和精度的想法都是可笑的，更不用说让客户可以真正选择他们的特定产品配置方式的大规模定制了。

如今，已不再是这种情况。

我们可能对安姆伯格工厂的例子嗤之以鼻，认为它只是一个特例，因为西门子生产用于微调操作的传感器，所以当然会将其作为一个陈列窗口来重点打造。不过，哈雷戴维森公司（Harley-Davidson）位于美国宾夕法尼亚州约克郡的摩托车工厂却不是这样。2012年，该公司将物联网通信技术和智能装配线单元整合在一起，对工厂进行了全面重建。这一过程用2座建筑取代了41座建筑，并获得了《工业周刊》（*Industry Week*）2013年度"最佳工厂"奖。① 在完全连接的工厂的其他变化之中，最显著的变化莫过于自动化手推车在装配区移动各种零配件，而焊接挡板的机器人每班的产量比过去提升了20%，工人数量也减少了。

这不是一个永远幸福的故事。

在改造前的2009年，约克郡的工厂雇用了2 000多人。尽管有劳工让步，现在只有800人在那里工作。② 由于哈雷威胁要完全关闭工厂并将生产转移到海外，如果没有实现智能化制造的变革，这种威胁带来的影响将会更大。

在前面提到的戴姆勒卡车工厂中，物联网还没有问世时，低质量、低无线覆盖以及无法监控与协调装配线的各个部分，破坏了工厂的运营。如今，整个工厂都是网络化的，这成了工厂的基本配置，因为它们制造的定制卡车种类繁多，有不同的轴距、轮轴、颜色、空气清洁器和其他部件。戴姆勒卡车工厂成功的秘诀是构建了一个安全的、覆盖全厂的 Wi-Fi 网络，允许进行全面协调。经理可以在平板电脑上实时查看零部件的库存情况，而工人也可以实时查看他们需要定制的卡车。

戴姆勒卡车的例子，也是一个在物联网的所有玩家之间建立联系的关键例子。如果机器出现问题，卡车工厂的员工可以迅速与供应商的专家取得联系，同时，由于该系统能够轻松识别所有

---

① 资料来源：Ginger Christ, "2013 IW Best Plants Winner: Harley-Davidson—Driving a Future of Excellence," *Industry Week*, January 12, 2014.
② 资料来源：Paul Smith, "Harley Davidson to Layoff 118 From York Plant," *Fox 43*, April 12, 2017. http: //fox43.com/2017/04/20/harleyto-layoff-118-employees-in-york/.

的零部件，也可以实现预测性维护。

类似地，思爱普公司的数字制造快速部署解决方案为制造车间提供了智能，甚至实现了批次大小为1的批量生产，支持从工程到制造的切换，并且确保了最先进的生产。[①]

展望未来，关于物联网在制造业中可能实现些什么，最好了解一下洛克汽车公司（Local Motors）的情况。它将具备3D打印等创新功能的物联网与公司所谓的"微制造"等结合起来。该公司最著名的成就是制造了第一辆3D打印汽车，而这只是它所说的直接数字制造（direct digital manufacturing，简写为DDM）的一部分。直接数字制造的其他好处包括：

- 直接从计算机辅助设计（Computer-Aided Design，简写为CAD）文件中制造零部件。
- 减少工具成本。
- 缩短设计与生产之间的时间延迟。
- 大规模定制。[②]

洛克汽车公司在它所谓的"微工厂"中进行制造，这些工厂是为快速原型制造、模块化实验和小批量制造而设计的。

---

① 资料来源："SAP Digital Manufacturing Rapid-deployment Solution," SAP. https://www.sap.com/services/rapid-deployment/connected-manufacturing.html.
② 资料来源："The LM Vision," Local Motors. https://localmotors.com/company/http://www.industryweek.com/manufacturing-leaderweek/hp-deloitte-team-transform-manufacturing.

仔细观察洛克汽车公司。它的直接数字制造模式，再加上与物联网相结合，可能成为21世纪一种可行的甚至是主导的模式：更小、更灵活，围绕所有的最新技术构建。

洛克汽车公司并不是唯一一家彻底地重新思考制造业的公司，尤其是在3D打印方面。你可能还记得，通用电气也积极进入了这一领域，惠普和德勤（Deloitte）围绕惠普新的工厂级3D打印机建立了一个"增材制造联盟"。[①]

那些被遗忘的工人呢？

如果我们还记得提出"还有谁可以使用这些数据？"这个至关重要的问题，那么，智能制造效应能够而且应当扩大到包括供应链和普通工人在内。如今，装配线上的工人也许更少了，但他们仍然极其重要，特别是因为他们在实际执行设计方面有着丰富的经验。为什么不赋予他们更大的权利呢？

欧司朗公司（Osram）让柏林工厂的每一位工人都可以使用名为"票务经理"（Ticket Manager）的App，它安装在工人的智能手机上，可以使他们实时获得自己必须管理的8台以上机器的数据，从而改善运营。[②]

[①] 资料来源："The OSRAM Ticket Manager," Bosch Software Innovations. https://www.bosch-si.com/manufacturing/insights/i40-references/osram.html.

[②] 资料来源：Jade Fell, "Hannover 2017: IoT-enabled App Engine Customizes Operations on the Shop Floor," *E & T: Engineering & Technology*, April 27, 2017. https://eandt.theiet.org/content/articles/2017/04/hannover-2017-iot-enabled-app-enginecustomises-operations-on-the-shop-floor/.

在向工厂工人授权的方面步子迈得最大的是初创企业郁金香公司（Tulip）。它的物联网网关允许任何人向工作站添加传感器、工具、摄像头，甚至是"按灯拣物箱"（依次点亮灯光，向工人显示拾取工件的顺序），而无须编写一行代码，因为该软件的多种驱动程序支持工厂设备。郁金香公司声称这"填补了刚性后端制造信息技术系统与车间动态运营之间的空白"[①]。

郁金香公司表明了物联网怎样能够而且必须实现以前不可能实现的各个方面的精确业务。物联网的特性，尤其是在无代码、低代码方面，展示了它最终将为每个人提供工具，即使是没有受过特殊培训的人，也可以使用这些工具来满足自己的特定需要。

郁金香公司的联合创始人罗尼·库巴特（Rony Kubat）表示，在物联网中，那些必须在车间里亲自动手参与产品设计和生产的人被忽视了，诸如培训等众多的流程仍然是基于纸质文件的：

> 制造软件需要发展。传统的应用程序忽略了制造业中人的方面，因此采用率较低。定制的、高昂的维护以及内部的解决方案的运用十分普遍。现有解决方案无法满足车间工人的需求，这推动了基于纸张的工作流程的扩散和文字处理、电子表格及演示应用程序的使用，公司将这些作为制造运营的主要支柱。郁金香公司旨在通过我们直观的、以人为中心

---

① 资料来源："Tulip Announced the Manufacturing App Platform," Press release, April 24, 2017. https://tulip.co/press-release.

的平台来改变所有这一切。我们的系统使制造商可以很容易地通过灵活地自助制造App，将实际运营的工作流程、机器以及后端的信息技术系统连接起来。①

这家初创公司在医疗设备、制药和航空航天等领域拥有数十家客户。其结果是戏剧性的，而且变化很大：

- 质量。德勤对全球合约制造商捷普集团（Jabil）使用郁金香公司技术情况的分析显示，捷普集团的产量增长了10%以上，又将手工装配的质量问题减少了10%以上。在最初的4个星期里，产量增加10%以上，手工装配的质量问题减少了60%。②
- 培训。在高度复杂、定制以及受监管的生物制药培训中，客户培训新操作员的时间减少了90%："过去，培训新操作员的唯一办法是反复领着他们去熟悉有经验的操作员和流程工程师已经十分熟悉的所有步骤。郁金香公司很快将其软件和物联网网关一并部署到流程中的机器与设备上，设法将培训时间缩短了近一半。"③

---

① 资料来源："Tulip Announced the Manufacturing App Platform," Press release, April 24, 2017. https://tulip.co/press-release.
② 资料来源：Eric Bender, "Apps for Operators on the Factory Floor," MIT Industrial Liaison Program, December 5, 2016. https://ilp.mit.edu/newsstory.jsp?id=22700.
③ 资料来源："New Balance Digitally Reduces Defects," Tulip news release. https://tulip.co/case-studies/nb.

- 上市时间。郁金香公司将一家大型运动服装制造商的数百种新产品的上市时间缩短了50%。这需要不断评估数十个不同质量驱动因子的影响,以找出缺陷的根本原因——包括手动的和自动的平台。在采用郁金香公司的物联网技术之前,这家服装制造商可能需要数周时间进行分析,直到生产流程准备就绪。项目的质量工程师表示:"我使用郁金香公司的App与上游运营商实时沟通质量问题。这种反馈闭环使得上游运营商能够立即采取措施纠正,防止出现更多的缺陷。"[1]

郁金香公司的制造App平台的无代码、低代码特性,使没有编程背景的工程师可以通过交互式的分步工作指令来创造车间的App。郁金香公司联合创始人纳坦·林德尔(Natan Linder)说:"这些App让你可以通过我们的云来访问大量信息并进行实时分析,此举有助于测量和优化制造业务。"无代码、低代码的物联网软件,如郁金香、Mendix或者关注物联网的Kony bear等软件,由于它们令App的设计民主化,所以为那些最了解每家公司具体需求的人(即最终用户)赋予了选择权。[2]

---

[1] 资料来源:Bender, *op.cit.*

[2] 资料来源:The Forrester Wave: "Low-Code Development Platforms For AD&D Pros, Q4 2017." https://www.mendix.com/resources/forrester-low-code-development-platforms-q4-2017-mx/?utm_source=google&utm_medium=cpc&utm_term=no%20code&utm_campaign=NA%20-%20Low%20Code&gclid=CjwKCAiA78XTBRBiEiwAGv7EKpI5O1rJ44Rr6pDs6A0DgTEepJlVWejJFdkpe0GUwQn8R3dY0bYDOBoCMNoQAvD_BwE.

林德尔关注了分析App，它们允许用户通过简单的工具来创建App。他想，为什么不提供同类工具来培训技术人员，让他们掌握标准的操作程序，或者创造产品，或者跟踪质量缺陷呢？他说道："这是一个流程工程师或质量工程师可以用来创建App的自助工具。他们可以构建复杂的工作流程，无须编写代码……我们的云创作环境基本上做到了这一点：你只需拖放和连接所有不同的插口和链接，便能在几分钟内创建一个复杂的App，并将其部署到车间，不必编写代码。"郁金香公司支持与每个团队成员共享适当的实时分析，无论他们在哪里都可以共享，同时，还为与每个成员相关的数据设置了个人警报。①

物联网赋予车间工人权力的特性，能够带来巨大的效益，但这一点经常被人们忽视。据英国《每日电讯报》（*UK Telegraph*）报道，产量可增加8%～9%，同时成本可降低7%～8%。同一项研究估计，工业企业"可能乐见高达300个基点的利润增长"。②

国际数据公司分析师约翰·桑塔盖特（John Santagate）对通过物联网赋予员工权力的观点进行了精辟的总结：

---

① 资料来源：The Forrester Wave: "Low-Code Development Platforms For AD&D Pros, Q4 2017." https://www.mendix.com/resources/forrester-low-code-development-platforms-q4-2017-mx/?utm_source=google&utm_medium=cpc&utm_term=no%20code&utm_campaign=NA%20-%20Low%20Code&gclid=CjwKCAiA78XTBRBiEiwAGv7EKpI5O1rJ44Rr6pDs6A0DgTEepJlVWejJFdkpe0GUwQn8R3dY0bYDOBoCMNoQAvD_BwE.

② 资料来源：Michael Hobbs, "The Connected Industrial Worker: Achieving the Industrial Vision for the Internet of Things," Advertising content, Accenture Digital, January 23, 2017. http://www.telegraph.co.uk/business/digital-leaders/horizons/telegraphhorizons-connected-industrial-worker/.

随着越来越多的人在使用机器人，制造流程中人的因素存在着消失的风险。所有人都在谈论和担忧这一风险，不过，看到某家公司专注于改进仍然由人类手工完成的工作任务，真是令人耳目一新。我们通常听到部署机器人和实现自动化的价值主张，以提高效率、质量和稳定性。但是，如果你可以通过简单地将分析和技术应用到人工工作中，从而实现制造流程的上述改进，那又会怎样呢？郁金香公司正是这么做的……

我们不会经常将数字转型与人类的努力联系起来考虑，但是，正是这种想法，才能在数字转型中带来一些早期的成果。①

根据"共享而不囤积数据"的基本真理，物联网一个重要的子主题是通过数据赋予每个人权力，使得他们都能参与进来，而不仅仅是赋予少数精英权力。我在我的早期作品《数据炸药》（*Data Dynamite*）②中提出了这个主题，具有讽刺意味的是，这个主题将我引向了物联网。约翰·桑塔盖特的见解很可能适用于物联网价值链中的其他企业，如零售商和最终用户。③Libelium公司

---

① 资料来源：John Santagate, "The Human Touch in Smart Manufacturing," IDC Community, February 14, 2017. https://idc-community.com/manufacturing/manufacturing-value-chain/the_human_touch_in_smart_manufacturing?utm_content=buffer09ca8&utm_medium=social&utm_source=twitter.com&utm_campaign=buffer.
② 资料来源：W. David Stephenson, *Data Dynamite*, Boston：Data4All Press, 2011.
③ 资料来源：Stephenson, *Data Dynamite*, op.cit.

首席执行官阿莉茜娅·阿塞恩告诉我,她认为物联网的下一个发展阶段将是,主题专家(而不仅仅是数据分析师)也能轻松地利用物联网数据来树立自己的职业影响力。①

循环式设计

一旦提高了生产效率,我们就需要生产不同的东西:智能联网设备。这些设备肯定也是实物,但设计师们将从一开始就在其中加入紧密相连的数字组件,而不是事后再去考虑添加。

一个主要的例子是蝴蝶 iQ 便携式超声仪,这在上一章中已经讨论过了。它的设计是颠覆性的:一个曾经需要笨重的、大块的和复杂的实物产品的系统,被压缩成为一块集成芯片,小到可以放进口袋。这种芯片包含了 9 000 多个微型的鼓膜,借助振动产生声音,然后接收来自身体的反应。芯片的体积,只是真正的机器所需体积的很小一部分(它还允许用一根探针来做超声波,而不是传统机器上需要的三根探针)。这种芯片还有其他一些好处:

- 它可以在用于打印消费者电子芯片的同一台机器上打印,从而降低成本。
- 由于它是电子的,所以其带宽的设计比传统的压电式转换器的带宽大得多。

---

① 资料来源:Asín, *op.cit.*

- 它还具有信号处理和计算能力，减少了对外部设备处理结果的需要，并且实现了以前只有在极其昂贵的机器上才能实现的效果。

甚至更聪明的是，它不需要专用的显示屏，因为我们每个人的口袋里都有一块很棒的显示屏：智能手机！

该公司的网站不仅谈到了这款设备可能带来的变革潜力，还提及了我们在不久的将来会把同样的协同思维应用到所有产品之上的可能性："我们的梦想在半导体工程、人工智能和云计算的交叉领域变成了现实。"想想这些设计组件将如何解放你的产品的尺寸、通用性、材料的选择以及成本。

数字与实物的融合意味着软件设计的概念以及用户体验将对产品愈发重要，这也是设计师面临的一个新的挑战。在设计 App 时，数字与实物的融合使你能够采用各种可能的方式来设计，允许最终用户根据自己的偏好来选择 App 的运行方式（想一想你的智能手机中的用户可调整设置），而不是必须为某位单一的保留用户而设计（这或许代表着它真的不适合任何个人的准确选择）。同时，数字与实物的融合，还可能使最终用户能够在决定产品的实际感受和工作方式方面发挥重要作用。例如，约翰·迪尔曾为他们生产的拖拉机制造了几种不同的发动机。现在，客户只需按下按钮，就可以从一个单一的、标准的引擎中选择使用哪个马力选项。[①]

[①] 资料来源：Porter and Heppelmann, *op.cit.*

至关重要的是考虑最终用户将如何使用物联网产品。

正如一家设计咨询公司所言，实际上，制造商可以认真考虑与用户一同建立一定水平的"对话同理心"。[①]倘若有的人不得不使用语音助手，而语音助手似乎理解不了他们说出的话的意思，你可能对必须使用语音助手的那些人怀有同理心。但是，请想象一下，对于那些从来没有遇到过这类过于情感化问题的工程师来说，要解决另一种设计选择，尤其是难以量化的设计选择，将是多么困难。

虽然这些产品仍是实体形式，但更多的区别在于它们将是数字化的，因为这正是允许实际使用中的灵活性并使客户满意的原因。

过去，设计是在类似于真空的环境中进行的，在一间与世隔绝的设计工作室中开展，设计人员压根不知道客户到底会怎样使用产品（比如拖拉机，它们真的是要开到野外去的）。在这方面做得最好的企业会使用焦点小组和调查等工具，试图了解客户可能想要什么，近年来还增加了社交媒体这个工具。正如科尔尼管理咨询公司（A.T. Kearney）的埃里克·格韦（Eric Gervet）说过的那样，有了物联网，产品的设计范式发生了转变，从"与世隔绝"的产品转向清楚地知道客户在实际中怎样使用它，因为我们现在可以直接从产品中学习：

[①] 资料来源：UX Collective. https://uxdesign.cc/the-product-design-of-iotb4f13305c852.

"如今，体验就是产品，"格韦说道。他补充说，体验是产品和用户共同创造的。"你创造自身的体验，这就是体验对你如此重要的原因。"好的或不好的记忆，都与体验有关。①

我们前面提到，通用电气已经转向了基于从数字孪生中获得的持续反馈的迭代设计。该公司的全球软件副总裁威廉·鲁赫说：

> 通用电气正在采取一些措施，比如快速发布精简版产品、监控使用情况，以及根据客户的使用方式迅速改变设计，等等。这些方法遵循许多软件密集型互联网公司的"精益创业"风格。
> 他说："我们将在3个月、6个月、9个月内完成这些变革。过去，这得花3年时间。"②

数字和实物的融合也可以让客户感到欣喜。例如，假设你周末去北方滑雪，到了那里之后，不用急急忙忙打开冷冰冰的房间里的恒温器，而是一进门就感受到春天般的暖意，因为你可以在开车抵达那里3小时前就把房间的空调打开。如此，你会有什么感觉？

---

① 资料来源：Suketu Gandhi and Eric Gervet, "Now That Your Products Can Talk, What Will They Tell You?" *MIT Sloan Management Review*, Spring 2016. https://sloanreview.mit.edu/article/nowthat-your-products-can-talk-what-will-they-tell-you/.

② 资料来源：Hardy, *op.cit.*

将设计视为一个持续的过程，并且同时改变公司实际的盈利模式，或许能催生出最有效的设计策略。科尔尼公司的苏克图·甘地（Suketu Gandhi）指出："今天的定价是基于初始成本，而未来的定价将基于计算产品的终身价值。"[①]

例如，如果你确实进行了持续的、渐进式的改进，有些是在实物上改进，有些是通过软件来改进，那么，你的新产品销量也许会下降，但你可能会发现，将产品转换为服务模式，可以获得更多的利润。当这种情况发生时，客户会发现，通过产品运营中产生的数据，他们变得比从前高效得多。他们可以指望产品连续运行下去，不会出现因为重大维修而导致的意想不到的和代价高昂的停运，因为传感器数据会在问题最早冒出的时候就提醒你的公司，使你们在正常生产计划出现停顿的时候及时进行干预，降低维修成本（甚至替换已经升级的零部件）。客户会变得越来越忠诚，并且不太可能转向其他制造商，因为他们的需求会不断得到评估和满足（本章后面的内容将详细讨论这个概念）。

我们在前面讨论过的一家敢于尝试的初创公司可能为实物-数字的融合设计指明了道路。洛克汽车公司喊出的口号是："我们使用多个微型工厂和一个共同创建的软件即服务平台，专注于开源汽车设计的小批量制造。"它制造的汽车，可不是你祖父开过的通用汽车！

洛克汽车公司的第一款产品是名为奥利（Olli）的"自动驾

---

① 资料来源：Gandhi and Gervet, "Now That Your Products Can Talk, What Will They Tell You?"

驶认知"公共汽车，是在IBM公司沃森人工智能（Watson AI）的推动下生产的，但洛克汽车明确表示，这款汽车的起源还植根于公司与用户之间的协作（"共同创造"），也就是公司所称的"社区"。该公司通过赞助付费的竞赛，从全球公众那里征求并奖励关于如何进一步发展奥利汽车来满足老年人和残疾人特殊需要的最佳创意，将资金投入实际的行动之中。

为创造这些融合了实物－数字的新产品，要让工程师和软件设计师都参与进来，并从设计的最初阶段就协同工作。事实上，赫佩尔曼和波特预测，设计团队将更多地倚重电气工程师而不是机械工程师。[1]

科尔尼管理咨询公司的埃里克·格韦预测，产品设计的领导者可能要转变成新的角色，即"变成产品主管，专注于设计创新产品；变成体验主管，专注于设计创新的用户体验；变成数据资产主管，专注于将数据货币化"[2]。

设计思维

充分利用物联网所需的新设计理念，是传奇设计工作室艾迪欧公司（IDEO）的大卫·凯利（David Kelly）在2003年提出的一个观点，当时，物联网还没有真正实现。他将这种理念称为"设

---

[1] 资料来源：Porter and Heppelmann, *op.cit.*
[2] 资料来源：Gandhi and Gervet, "Now That Your Products Can Talk, What Will They Tell You?"

计思维",正如卡恩·塔纳里(Kaan Turnali)总结的那样,其原理与物联网惊人地相似:

- 成功来自设计集成的解决方案,其中的每个部分都在一个整体中完成了系统,而不是被分割成堆栈的碎片的设计。
- 通过接近现有的或潜在的用户并且从远距离观察,我们有机会着眼内部而不是外部进行设计。
- 同理心打开了神经末梢,使得我们能感受到站在别人的立场上是什么感觉——这是以客户为中心的设计的先决条件。在产品的故障面前,我们要像用户/客户一样感到沮丧,这样才能更好地理解痛点。
- 通过将多学科团队聚集在一起,我们充分利用了集体专长的力量。
- 接受模棱两可,使我们去寻找那些可能错过的新创意。拥抱模棱两可,为人类的创造力打开一扇门——让我们去追逐那些可能会错过的新创意的机会。
- 推广"早失败、常失败"的理念,是驾驭快速原型的力量并提交证明概念的证据的关键,这些原型和概念能够引起真正的用户和客户的共鸣,并鼓励他们给予反馈。①

物联网设备会思考。它们会表达喜悦,还会盈利。

---

① 资料来源:Kaan Turnali, "What Is Design Thinking?" *Forbes/SAP Voice*, May 18, 2015. https://www.forbes.com/sites/sap/2015/05/10/what-is-design-thinking/.

供应链和分销

系统思维大师彼得·圣吉（Peter Senge）曾在一次研讨会上做过一个测验，以例证当企业的各个职能彼此独立运行时会出现的问题。他将参与者分成不同的小组，按照各自的职责进行分工，独立地计划他们的行动，或者只获得关于其他人在做些什么的有限信息。在一次令人难忘的测验中，制造团队根据乐观的销售预测全面加快了生产，但当新的市场环境低于预期时，仓库里却堆满了未售出的产品。

这太糟糕了。供应链和分销网络或许并不吸引人，但它们必不可少，物联网可以创造前所未有的精确度，而在此之前，物联网的效率一直是出了名的低下。你可以选择与供应商和分销商共享实时的生产数据，从而提高他们的工作效率。

杰里米·里夫金（Jeremy Rifkin）在他的著作《零边际成本社会》（*The Zero Marginal Cost Society*）中引用了贝努瓦·蒙特勒伊（Benoit Montreuil）的作品，后者是佐治亚理工学院可口可乐物料处理与分配主席和教授。

根据里夫金的引述，蒙特勒伊呼吁物流采用"实物互联网"，他说这是必须的，不仅是因为当前的环境影响、低效的系统（比如，在法国，物流系统排放的温室气体占到所有温室气体排放的14%），而且是因为其高得荒谬的成本，根据2009年美国交通部的报告，其成本占到美国国内生产总值（GDP）的10%。

里夫金根据蒙特勒伊的研究，列举了许多当前体系效率低下的例子：

- 在美国，卡车平均只有60%满载，行驶的20%的路程是空车。全球的效率只有10%。
- 截至2013年3月，美国企业库存为1.6万亿美元，即时库存就这么多。
- 食品、衣服和医疗用品等对时间敏感的产品因为不能按时交货而未能售出。

蒙特勒伊的"实物互联网"与电子互联网有着惊人的相似之处：

- 货物（如包装）必须用标准的模块容器包装。
- 与互联网一样，货物的组织和安排必须独立于设备，因此可以通过各种各样的网络进行无缝处理，使用智能标签和传感器进行识别与分类。

在蒙特勒伊设想的新系统下，目前混乱的仓储与配送状况将被一个涉及全美53.5万台设施的全面一体化系统所取代，从而节省时间，并大大减少燃料消耗和对环境的影响。

里夫金写道，对各公司来说最重要的是，"蒙特勒伊指出，如果库存分布在靠近最终买方市场的数百个配送中心之中，那么，开放的供应网络可以使公司将交货时间缩短到接近零的水平"①。

这种全面展开的物联网转型似乎还不够复杂，但请记住，涉及供应链时，一个你无法控制的重要因素是交通。对于有着复杂供应链的公司来说，明智的做法是支持公私合作伙伴关系，借助智能汽车和智能控制系统的结合来使交通更顺畅，比如奥巴马政府的智能城市竞赛，该竞赛聚焦于从邻近地区到州际公路的交通创新。俄亥俄州的哥伦布市赢得了这项竞赛，他们提出的计划涵盖了智能交通创新的方方面面，由一个中央交通信号与综合交通数据系统来协调交通创新。该计划完整展示了完全相连的和富有创意的交通网络所带来的多样化和深远的经济与社会效益，涉及从增进健康到提高企业效率。其中的一些效益包括：

- 在婴儿死亡率高的社区，利用分析成果和改进后的公共交通的"最后一公里"连接，提供更加优质的医疗服务。
- 使用自动驾驶的电动汽车将一个新的快速公交中心与一个零售区连接起来，帮助居民找到工作，提高零售销量。
- 在城市车辆和十字路口使用联网的车辆技术，以优化交通流量，展示安全应用。
- 在城市的货运区使用连接车辆技术，包括自动的卡车结队

---

① 资料来源：Jeremy Rifkin, *The Zero Marginal Cost Society: The Internet of Things, the Collaborative Commons, and the Eclipse of Capitalism*, New York: St. Martin's Press, 2014. p. 219.

和交通信号管理。与之类似，该市将与货运运营商合作，部署传感器以确定是否有停车位。①

在城市附近，俄亥俄州正在往一条四车道的限制进入的高速公路上增加一条56千米长的"智能移动长廊"。高容量的光纤电缆使得研究人员和交通监视器可以实时访问来自嵌入式传感器和无线传感器的数据，以测试智能交通技术。与哥伦布市的计划一样，智能移动长廊也是公私合作经营的。②

这个交通-配送网络的例子，证实了最智能的物联网战略就是不断探索基于协作的协同的可能性，不论是你自己的公司内部各部门之间的协作、与互补的政府计划协作，还是与你的供应链分销网络、零售商和消费者协作。当你拥有大量的实时数据时，共享这些数据的访问，肯定会比单独访问带来更多好处。

销售

在企业的各领域中，添加智能技术之后，以前简单的设备已

---

① 资料来源：Office of the Press Secretary, "Fact Sheet: Obama Administration Announces Columbus, OH Winner of the $40 Million Smart City Challenge to Pioneer the Future of Transportation." White House, June 23, 2016. https://obamawhitehouse.archives.gov/the-press-office/2016/06/23/fact-sheet-obamaadministration-announces-columbus-oh-winner-40-million.

② 资料来源：Ohio Department of Transportation, "Smart Mobility Corridor to Become Ohio's First 'Smart Road,'" State of Ohio.https://www.dot.state.oh.us/news/PagesSmartMobilityCorridor.aspx

经变成了具有战略意义的设备，销售就是这样的一个业务领域。在这里介绍的案例中，一台不起眼的自动售货机巧妙地形成了一个具有历史意义的闭环。有人说，催生出物联网的功劳要归到卡内基梅隆大学的一些学生身上，当时他们试图将一台可乐机放到网上，以便买到一杯凉可乐。雀巢、百事和可口可乐都在部署智能的自动售货机，将传感器、通信、大数据分析与人工智能结合起来，不但实现了自动补货和提高配送效率，而且提升了通过定制产品满足客户需求的能力。可口可乐国际首席技术官简·吉尔摩（Jane Gilmour）表示，该公司已推出几项物联网计划，主要目标不仅是改进产品的交付，而且还包括改善产品本身。实时数据能够告诉公司哪些机器最繁忙，将诸如人脸识别和非接触式支付等新技术结合起来，公司可以知道哪些品种的产品卖得最好。

对于其他零售商来说，最重要的模型是可口可乐的Freestyle自动售货机，它含有150种浓缩饮料。顾客可以用这些浓缩饮料来制作自己定制的饮料，改善他们恢复精力的体验，同时降低公司成本，因为这就不需要将每一种浓缩饮料都装瓶了。与此同时，新的自定义的混合饮料的数据，可以为可口可乐公司提供关于可能的新的标准混合饮料的有价值的信息。①

通常情况下，像Freestyle这样的单一物联网工具可以服务于

---

① 资料来源：Contributor, "Why Retail Giant Coca-Cola Is Using IoT Connected Vending Machines," *Internet of Business*, September 16, 2016. https://internetofbusiness.com/supply-chain-iotcoca-cola/.

营销以及其他方面的需要。以沃尔玛等公司为例，他们对使用区块链来精简供应链越来越感兴趣。根据LoadDelivered博客上的一个帖子，通过物联网传感器数据，将公司的再补给系统连接到区块链，有着诸多好处：

- 当诸如托盘、拖车、集装箱等资产在供应链节点之间移动时，记录它们的数量和转移情况。
- 追踪采购订单、更改的订单、收据、装运通知或者其他与贸易有关的文件。
- 指定或验证实物产品的认证或某些特性，例如，确定某种食品是有机食品还是集贸市场的食品。
- 将实物与序列号、条形码、射频识别等数字标签连接起来。
- 与供应商、供货商共享产品的制造流程、组装、交付和维护信息。①

与当前供应链的相对低效相比，这类信息对企业来说应当是不可抗拒的。它们的好处包括透明度、可升级、安全性和创新。②

另一个例子证实了物联网组件可以怎样使你的公司各个不同

---

① 资料来源：Jon-Amerin Vorabutra, "Why Blockchain is a Game Changer for Supply Chain Management," *LoadDelivered*, Jan. 28, 2016. https://www.loaddelivered.com/blog/why-blockchain-is-a-gamechanger-for-supply-chain-management/.
② 资料来源：同上。

部门中同时收获效益，也证明了区块链是一个有效的营销工具，尤其是向忧心忡忡的客户推销时。这些忧心忡忡的客户担心食材是否干净、是否有过敏原，以及老板如何对待生产出来的食物。意大利面食公司巴里拉（Barilla）与思科等公司合作，安装了食品安全（Safety for Food，简写为S4F）平台。顾客只需扫描意大利面和酱料包装袋背面的二维码，就能轻松获取特定生产批次的数据。巴里拉公司也可以使用同样的数据来精简其供应链，降低成本。甚至在监管方面还有一个潜在的好处：一旦由于安全问题而召回食品，可以快速地进行记录。这再次体现了物联网对所有的相关方都是共赢的！①

客户满意度和预测性维护

最后，我们来看看物联网和之前的业务之间最显著的区别：客户支持和满意度。

过去，我们根本不知道产品一旦销售出去会发生什么：

- 产品是让客户高兴了，是仅仅满足了他们的需要，还是让他们失望了？
- 产品的功能是与设计一样，还是存在某些可能激怒客户的

---

① 资料来源：Helen Saunders, "Blockchain: A New Paradigm for Supply Chain Security?," *Cisco UK and Ireland Blog*, April 28, 2017. https://gblogs.cisco.com/uki/blockchain-a-newparadigm-for-supply-chain-security/.

故障，使客户要求对产品的下一步模型进行设计更改？产品的运行有没有危及客户？
- 产品是否遗漏了某些功能，而这些功能本可以通过附件来解决？
- 产品很难遵循既定的方向吗？产品是否导致客户不正确地操作设备？
- 设备是不是需要不断调整才能有效工作？
- 由于缺乏关于产品的说明以及为什么出现故障的确切信息，所以产品很难维修吗？

凡此种种，不一而足。售后服务就是缺少上述种种信息，给客户和公司都带来了麻烦。

今天，这些信息的空白得到了填补，积极变化的潜力令人惊叹。

首先，客户有可能成为设计过程中的合作伙伴。数据通过"数字孪生"反馈给设计人员，使他们现在可以理解其中存在的问题，如果没有这些数据，他们就永远不会知道存在新的升级或者全新产品以填补空白的机会。

特别是，因为有了软件，数字与实物的融合意味着客户可以做出选择：他们可以使用某个通用产品，并通过他们对软件的偏爱来依据自己的需求进行定制。正如《物联网议程》(*IoT Agenda*)报道的那样："如今，制造商可以凭借一台设备提供可定制的、可升级的产品与服务。客户可以改变物联网设备的功能与价值。"

没有哪家公司比特斯拉汽车更好地优化了这一过程：

> 特斯拉车主不用再局限于等待某款新车问世，以便利用新的功能，该公司已经向现代世界证明，汽车不再是一个固定的物体，而成了一种不断变化的可定制的服务，可以在当前的基础上，为车主提供有价值的新功能。①

对特斯拉来说，其效益包括从客户那里引来了新的收入流，有的客户选择升级软件，以实现自主驾驶，有的客户利用这种立即添加新功能的能力使自己与其他车主差异化；对公司而言，"借助软件提供这种功能性的方式，无须再研发新的实物硬件模型，可以最大限度地降低制造成本"，并且与每位客户建立了直接的和持续的个人关系。② 正如我们在物联网的其他阶段看到的那样，这种设计、制造、服务和营销进展的交织，需要以一种全新的方式来看待企业，这在数字与实物融合之前是不可能的。

维修和维护曾经是各公司的一种"无法避免的灾祸"，怎么说呢，维修和维护部门，是一个你可以把那些不怎么具有创造力的思考者放在其中的部门。它影响到公司的利润，坦白地讲，这个部门的计划和预算，可能是个难解之谜。谁知道接下来哪些零部

---

① 资料来源：Eric Free, "Tesla: Driving the new Industrial Revolution," *IoT Agenda*, December 19, 2016. http://internetofthingsagenda.techtarget.com/blog/IoT-Agenda/Tesla-Driving-the-new-Industrial-Revolution.

② 资料来源：同上。

件会出故障呢？为什么会出故障呢？由于你要到事后才知道发生了什么事，所以很难推断出原因。由于故障的产生通常会让客户拿不到可用的产品，而且常常发生在关键时刻，所以，客户往往十分生气，也就意味着，等到下次他们再进入这个市场时，可能转而购买其他公司的产品。同时，人力和物资也难以安排和规划。

一种常见的策略是按计划维护，这通常涉及选定某个保守的估计值，估计什么时候可能发生故障，然后要求客户也按照之前计划好的维护维修来做出相应的安排，而客户可能无法做到这一点。换句话讲，这种按计划的维修，只是一种猜测。

有了物联网，情况就变了。正如一份关于预测性维护报告的标题描述的那样："维护越来越被人们视为一项战略的业务功能，而不是一场无法避免的灾祸。"①

就像前面提到的物联网的几个方面一样，在某些情况下，由于不可接受的经济、环境和人员伤亡后果，绝对不能出现任何的故障，那么就要着手寻找尖端的、精心规划的预测性维护的计划。海上的石油钻井平台，就是这种情况。

让我们暂时不考虑钻井平台上的设备出现故障时对人类、环境和经济造成的灾难性损失，只考虑实际的损失吧：钻井平台离海岸数千米之遥，由于受到配件尺寸的限制，维修与维护人员手头只能保留有限的配件供应。如果出现严重问题，可能需要召集专家，必

---

① 资料来源：Robert Thomson, Madelaine Edwards, Emma Britton, Bryan Rabenau, "Is the Timing Right for Predictive Maintenance in the Manufacturing Sector?," *Think Act Magazine,* November 2014. http://studylib.net/doc/18212956/predictivemaintenance#.

须先将零部件发送到某个集结地,然后用直升机把人员和配件运到现场。我们很难再找出预测性维护可能比这更有价值的案例了。还有,别忘了许多关键设备根本不在钻井平台之上,而是在平台下方450多米或者更深的海底,所以,直接的检查既困难又危险。

此外,从经济的角度来考虑,我们也有着强大的动力进行预测性维护,比如价格波动剧烈的石油市场近年来受到了损害,尤其是来自水力压裂天然气的额外竞争使这种损害加剧,其中的部分原因是石油市场的效率下降。麦肯锡咨询公司(McKinsey)指出:"研究表明,过去10年,平均生产效率下降,而行业领军者与其他公司之间的绩效差距也在扩大,从2000年的22个百分点扩大至2012年的约40个百分点。"[1]

采用预测性维护,钻井平台的所有重要零部件都安装了传感器,以收集与它们的运行情况和实时状况有关的数据。根据麦肯锡咨询公司的一项研究,一个钻井平台可以配置多达4万个传感器。不过,在大数据分析工具出现之前,大部分数据都没有被人们分析过。[2]

---

[1] 资料来源:Stefano Marinotti, Jim Nolten, and Arne Steinsbø, "Digitizing Oil and Gas Production," McKinsey & Co. Oil and Gas, August, 2014. "https://www.mckinsey.com/industries/oil-andgas/our-insights/digitizing-oil-and-gas-production.

[2] 资料来源:Thomson, *et.al, op.cit.*
收益可能会进一步增加。在2010年可怕的墨西哥湾井喷事故发生后,我在《联邦计算机周刊》(*Federal Computer Week*)上写了一篇专栏文章,认为对油井的全天候监控也可能促使我所说的"监管2.0"条例的出台,即通过对公司机密等的适当保护,政府可以共享实时数据,并能在灾难中更快地做出反应。即使不采取任何措施,也能使报告简化,并大大减少井喷的机会,为所有相关人员带来相应的成本优势。

从整个行业来看，不进行预测性维护，风险很高。美国能源部发布报告称，石油和天然气行业的预测性维护计划总体情况如下所述：

- 获得10倍的投资回报。
- 将维修与维护成本降低25%～30%。
- 消除70%～75%的故障。
- 将产量提高20%～25%。[①]

Dynogram公司为工业、零售业、物流业和制造业的广泛系列客户提供物联网服务，它为一家钻井客户制订了物联网解决方案。为了处理海量的实时数据，Dynogram公司运用了一些技术，包括中央存储库中的存储和在收集点进行边缘处理。其目标是将实时数据与故障率的历史模式进行比较。这样一来，因为及早发现问题，可以更迅速、更节约地进行维修，从而降低了维修成本。

这个模型提醒我们，物联网对实时数据的重视，并不意味着历史数据便没有了用武之地。提供透视图仍很重要，并且进一步增大了挑战的复杂性，因为数据分析还必须能够将实时数据与历史模式进行对比。

---

① 资料来源："Fueling the Oil and Gas Industry with IoT," *Microsoft Customer Stories*, July 26, 2015. https://customers.microsoft.com/en-us/story/fueling-the-oil-and-gas-industry-with-iot-1.

罗克韦尔公司（Rockwell）是石油钻井零部件的主要供应商。该公司的客户包括位于阿拉斯加基奈半岛附近的希尔考普（Hilcorp）能源平台，该平台与业内典型的平台一样昼夜不停地运转。希尔考普公司担心，安装了包括罗克韦尔变速驱动器等在内的新型的高效、可靠的电潜泵后，如果单台泵出现故障，每天的营收可能损失高达30万美元。

罗克韦尔将驱动器中的数据反馈到微软Azure云端之中，允许位于克利夫兰市的公司办公室使用显示压力、温度、流量和其他性能指标的数字仪表盘进行全天候监控。对于预测性维修，至关重要的是，一旦出现亟待解决的问题，罗克韦尔的工程师会立即得到通知。

由于全行业生产率的下降，麦肯锡公司对北海（North Sea）[①]多个平台的效益进行了基准测试，发现效益最好的一些平台并没有产生过高的成本，这在很大程度上是由于预测性维护降低了它们的意外损失和过高的维修成本。前面提到生产效率的提升，转变成了仅在一个扩建平台上的利润就从2.2亿美元增加到2.6亿美元，并且可以延长老油田的开采寿命，更别提新油田了。在新油田上，如果必须添加监控设备的话，石油公司可以用更低的成本设计新的监控设备。[②]

[①] 北海（North Sea）由荷兰人命名，意为"北边的海"，与其南方的须德海相对应。北海是大西洋东北部边缘海，位于欧洲大陆的西北。——译者注

[②] 资料来源：Stefano Martinotti, Jim Nolten, and Jens Arne Steinsbo, "Digitizing oil and gas production," *McKinsey*, August, 2014. https://www.mckinsey.com/industries/oil-and-gas/our-insights/digitizing-oil-and-gas-production.

麦肯锡公司的研究对所有物联网战略都有影响，因为其强调，自己感兴趣的不仅是数据的量，还有数据的质量及其在石油钻井平台决策中的应用：

> 一些公司很难在它们的IT网络上持续保持数据的质量。其他公司在聚合数据和对数据进行有意义的分析方面做得不够好。不过，还有些公司难以将分析结果转化为行动。这就是为什么许多油气运营商需要辨别从流程、系统和数据存储库中捕获数据时还缺少或遗漏了哪些信息，并且需要了解怎样将捕获的数据转移到运营与决策之中。确定了遗漏的数据之后，油气运营商还必须通过改进数据流的自动化来解决这些问题。[1]

尽管这些讨论超出了本书的范围，但仔细阅读麦肯锡公司的报告，有助于制定预测性维护的策略。麦肯锡公司的研究团队概述了负责制定基于数据的预测性维护策略的团队应当采取的3个常识性措施：

1. 使用跨学科团队（这将在下一章讨论，它对于充分利用任何物联网计划都至关重要，因为跨学科团队本身就涵盖多个部门）。

---

[1] 资料来源：Stefano Martinotti, Jim Nolten, and Jens Arne Steinsbo, "Digitizing oil and gas production," *McKinsey*, August, 2014. https://www.mckinsey.com/industries/oil-and-gas/our-insights/digitizing-oil-and-gas-production.

2. 区分新建自动化和扩建自动化，因为新建平台自动化有一个直接的优势：可以从一开始就设计传感器与数据分析功能，而不是在以后添加。

3. 考虑到整个生命周期的成本，"大规划，小试验，快速扩展"。"他们建立了一个数字化团队，并且将自动化作为企业数字化计划的一部分。他们的自动化程序与复杂的组织、工艺流程和人类行为的各个方面综合到一起。行业经验和谨慎的风险管理要求在小规模试点实施中全面地测试和证明这种复杂性水平。一旦证明了概念，就需要快速扩展，以确保收益。这种规模的扩大，需要在技术支持的转型、变革和风险管理等方面拥有工具和具备能力。"①

最后一点对所有物联网战略项目都很重要。有效的物联网战略必须自始至终都是广泛和全面的。

用服务取代产品

最后，当我们试图依次绘制本质上是循环的流程和原本不可能按次序绘制的东西时，我们就会谈到这样一种可能性：使用物联网将单纯的销售产品替换成提供综合服务。

---

① 资料来源：Stefano Martinotti, Jim Nolten, and Jens Arne Steinsbo, "Digitizing oil and gas production," *McKinsey*, August, 2014. https://www.mckinsey.com/industries/oil-and-gas/our-insights/digitizing-oil-and-gas-production.

在全面实现物联网的过程中，用服务取代产品销售必须排在最后。直到你重新设计了产品，以便从现场获得实时反馈，你才算是在公司与客户之间建立了直接的沟通渠道，并且通过预测性维护大幅提高了产品质量，使得产品几乎在任何时候都是可靠的，并随时做好服务客户的准备。如果不考虑这些，会使公司付出代价。

让我们再次转向一个产品，在该产品之中，质量和可靠性真的是严格意义上的生死攸关的问题，因此，生产该产品的公司将两者作为一个战略的研究方向来考虑。这个产品就是在关于西门子和通用电气的那一章中提到的喷气式涡轮发动机。通用电气及其主要竞争对手都将喷气式涡轮发动机转而作为服务进行营销，而不仅仅是当成产品来销售。

喷气式涡轮发动机的业务很可能是所有行业中在整合物联网方面做得最早的行业。为什么这么说？因为在其制造过程中要分析大量的数据，并且最早地运行嵌入设计过程之中的传感器，更不用说，一旦发动机停摆，其风险是最高的。这使它成为像你这样的公司探寻物联网在不久的将来如何发展的详细路线图的最佳场所，因为在制造过程中，更多的业务将受到监控，数据量将爆炸性增长，新的分析工具将横空出世。这些制造公司还代表着物联网未来发展的一个缩影，因为它们的发动机生成的数据流还必须与令人眼花缭乱的一系列其他系统相互连接、相互融合，包括航空公司自己的系统和美国联邦航空局的系统。当人们从以前孤立的数据流中看到了新的协同机会时，这种协同也将不可避免地出现在你的公司业务中。例如，这些喷气式涡轮发动机制造商正带头与航空界的其他公司合作，以增加飞行中的数据总量及对其进行实时分析和应用。

我们对物联网转型这个方面最感兴趣的是，这些公司还利用数据收集和分析方面的领先地位，对它们所做的事情以及如何从中获取利润做出了根本性的改变：在商业模式中实现了真正的范式转变。

想想这有多大胆，同时也想一想，涡轮发动机制造商除了在物联网的发展上快人一步外，真的别无选择。不用说，如果飞机的发动机在飞行途中发生故障，其乘客会一直感到紧张，直到最终安全着陆。抛开这些生死攸关的问题，航空公司面临的高额的紧急维修费用和因故障导致的频繁航班延误，也会令人苦恼。因此，涡轮发动机制造商为降低风险所能做的一切，全都是必要的。你的公司是不是也有类似的痛点？

在物联网问世之前，通用电气正通过一系列原本不可能的因素的结合来迎接上述挑战：

- 改进设计，因为飞行中的实时反馈可以识别需要升级的部件。
- 客户的飞机性能得到了改善，因为一些航空公司选择额外付费以获取实时飞行数据，这些数据可以与燃油价格及大气状况等事实相结合。
- 维修速度快，因为飞机着陆后，会立即收到关于金属疲劳或液体耐用性等紧急问题的警告，以便地勤人员在飞机着陆时提前准备好必要的零部件。
- 更加精准的制造。
- 当涡轮发动机的数据与其他传感器（如机翼上的传感器）收集的数据、关于天气的数据、关于空中交通流量的数据等越来越多的实时流数据相结合时，有助于提高航空公司的整体绩效。

长期以来，涡轮发动机制造商都在使用有限的发动机数据，但借助更快的通信设备和改进的无线传感器，在2010年左右，数据的量增多了，传输速度更快了。

有些公司不得不处理现有的不太精密的老旧发动机存货，并且要用装有内置传感器的最先进的发动机来替换这些老旧发动机，通用电气也面临和这些公司同样的问题，于是和Avionica公司签署了一项协议，将实时数据传输到CF34-3引擎。通用电气前总经理汤姆·霍费尔（Tom Hoferer）表示，以前"获得我们需要的诊断数据的唯一方法是将闪存盘插入引擎数据电脑，并且下载一个令人讨厌的文本文件，然后将其发送到电脑，再通过电子邮件传送到通用电气的收件箱。我们真的认为这是一个机会，将一些数字工作方式带入老式飞机，并且使用一些描述发动机运行的数据"①。

---

① 资料来源：Woodrow Bellamy III, "OEMs Embrace New Aircraft Engine Health Monitoring Tech," *Avionics*, February 15, 2017. http://www.aviationtoday.com/2017/02/15/oems-embrace-newaircraft-engine-health-monitoring-tech/.

随着新技术的涌现，你的公司将扩展数据范围，同样，新的传感器（并且安装更多这种传感器）也允许各公司跟踪诸如温度、压力、各种转子速度和振动等变量。事实上，安装在涡轮发动机上的传感器数量是惊人的。在普拉特·惠特尼公司，减速涡轮风扇发动机上安装了5 000个传感器，每秒可产生多达10GB的数据，平均12小时的飞行可产生多达844TB的数据。这意味着，每个发动机报告的数据量是原来的3倍。普拉特·惠特尼公司商业分析和引擎部门的服务经理林恩·弗拉格（Lynn Fraga）表示，该公司"目前正在探索物联网概念，有助于提高其发动机的连接性诊断和预测能力"。她认为："下一代发动机的健康监测将源于使用更先进的飞行数据采集、存储和传输技术。"[1] 有人预测，当你把所有来自喷气式涡轮发动机的数据流结合起来时，总的数据量可能超过消费者互联网的数据量。[2]

同样，涡轮发动机行业是整个工业物联网转型的先驱，因为它吸收了新兴的技术，并将数据无缝地输送到运营的各个方面，这意味着添加人工智能。由于齿轮传动涡轮风扇（GTF）发动机释放出海量的数据，普拉特·惠特尼公司现在可以构建人工智能，以预测发动机的需求，进而调整推力水平。这减少了10%～15%

---

[1] 资料来源："Pratt & Whitney Applies 'Big Data' to Predict Engine Maintenance Frequency and Planning," Pratt & Whitney (News release), February 16, 2016. https://www.prnewswire.com/news-releases/pratt--whitney-applies-big-data-to-predictengine-maintenance-frequency-and-planning-300220490.html.

[2] 资料来源：Bhoopathi Rapolu, "Internet Of Aircraft Things: An Industry Set To Be Transformed," *Aviation Week*, January 18, 2016. http://aviationweek.com/connected-aerospace/internetaircraft-things-industry-set-be-transformed.

的燃料消耗，同时降低了发动机的噪声和排放量。同样，通用电气最新的发动机每天可以产生5~10TB的数据，把这些数据应用到其航空"智慧工厂"，将使制造效率提高40%。[1]另一家公司在设计过程中使用这些数据来模拟各种条件下的性能，在每个组件的制造过程中部署数据分析，一旦这些组件投入使用，就监控其性能，并将其作为服务出售。这些公司的经验再次表明，你必须问"还有谁可以使用这些数据？"，同时在你的公司和客户中持续共享数据。

所有这些统计数据可能让你目瞪口呆，但它们都预示着，随着物联网在不久的将来应用于其他行业，海量的数据将变得司空见惯。它们将为我们提供意见，并由此带来以前难以想象的新服务和盈利模式。类似的数据爆炸式发展会怎样改变你的行业和公司呢？

按小时计费

最重要的是，所有这些实时数据以及提高的绩效、减少的计划外维护，为我们将要讨论的物联网转型中的最后一个要素奠定了基础。由于设备比从前有价值得多，也由于我们现在可以将发

---

[1] 资料来源：Guest Contributor, "How IoT Technologies Are Disrupting the Aerospace and Defence Status Quo," *IT ProPortal*, October 27, 2016. https://www.itproportal.com/features/how-iottechnologies-are-disrupting-the-aerospace-and-defencestatus-quo/.

动机的性能数据和其他数据流（如天气数据或者来自飞机机身的数据）融合起来，涡轮发动机制造商已经能够减少销售依赖，而是创造特殊的"按小时计费"的租赁的概念，也就是说，航空公司只有在涡轮发动机正在发电时才付费，飞机停在地面上或正在修理时，则无须付费。

喷气式涡轮发动机制造商的经验给企业上了最后一课：不要以为你可以因正在提高产品可靠性并帮助客户更有效地运营而自满。客户的期望值会越来越高，公司必须不停地想办法将来自他人的新数据与提供给客户的数据融合在一起。

毫无疑问，考虑到公司全心全意地欢迎物联网和追求融合的策略，那些策略通过完全地融合数字与实物，同步改变了它们的生产方式、设计、营销和服务，使得如今的物联网足够成熟，其他公司可能会紧跟这些公司的步伐。回顾过去，我们可以理解，这些特定的公司和行业会率先采取行动，很大程度上是因为它们面临的极端环境。

不过，它们如今在迎接物联网方面的领导地位，降低了那些紧跟它们脚步的公司的风险。由于网络效应，早期和后期参与者的效益同样都会显著增长：基于物联网的产品和服务越多，由此而共享的数据也就越多，从而导致它们之间产生协同效应，所有这些，都将使得数据变得更加可靠和多样。

与此同时，正如最后一章将展示的那样，欢迎物联网可以带来更多的互利。你认为这会引发自工业时代诞生以来企业流程和组织的第一次根本性变革吗？

自我评估

1. 你是否开始考虑一种协同的物联网战略,不仅针对产品设计、制造、营销或维护,而且针对所有领域,因为某个领域的变化可能同时影响其他领域并帮助提高效益?
2. 你是否认为,要充分利用物联网,需要同时解决所有这些问题的综合战略,而不是选择性地只处理其中一个或几个问题?
3. 为了给工厂的工人送去实时数据,你做了什么?
4. 你是否改变了设计流程,使之融合设计思维理念?
5. 你的产品是否适合从销售产品转向销售服务?提高产品可靠性的第一步是什么?对你和你的客户有什么好处?

第八章

循环式组织

我们已经看到物联网如何改变我们设计、制造、营销和维护各种产品的方式，并且将实物世界和数字世界不可分割地融合在一起。如此全面的变革，可能还会影响到我们如何构建和运营生产这些产品的公司，这难道不合理吗？

美国参数技术公司首席执行官吉姆·赫佩尔曼和哈佛大学教授迈克尔·波特在《哈佛商业评论》上发表的第二篇关于物联网的文章中，提出了下面这个问题，但并未给出答案。他们说：

> 对于正在努力（向物联网）转型的公司来说，组织问题已经摆在了舞台中央，而且没有剧本。我们刚刚开始重写已经存在了几十年的组织机构图的发展进程。①

一旦各公司应用了物联网技术，并且牢牢记住了第三章中描述的关于态度变化的基本真理，许多公司发现，他们已经准备好

---

① 资料来源：Porter and Heppelman, *op.cit.*

了迎接物联网可能带来的最具革命性的变化,这也就回答了赫佩尔曼和波特提出的问题。

也就是说,摒弃过时的传统层级结构和线性流程,采用一种新的循环式组织的方式,以适应当今的挑战和技术,尤其是新发现的"看见"物体内部构造的能力。在这个新的范例中,一种新的现实将取代信息孤岛和边界,在其中,每个需要访问实时数据以便更高效地工作和做出更优决策的人,都能够实时共享这些数据。

为了充分利用这种转变,我们不但要从根本上改造产品,而且要重塑生产这些产品的公司。旧的层级结构和线性流程模型,不再与能够"看见"物体的一切构造的新现实相关。

是时候转向循环式组织了,并且以实时数据为中枢,其周边环绕着所有的内部部门,以及供应链、分销网络和客户,它们都在不停地运转。

这种转变的好处包括:

- 比物联网所能达到的精度和效率还要高。
- 简化流程,现在必须按次序做好的事情,将来可以同步完成。
- 众多的观察视角、技能组,甚至个人经验都可以带来前所未有的创造力,以便同时应对一些同样的挑战。

这种对于循环式组织的设想,只是一种推测。据我所知,没有其他人在撰写关于物联网的文章时提出过这个建议。但我相信,这将是物联网发展的一个合乎逻辑的结果。

向循环式组织的转变将是痛苦的、戏剧性的转变，与以往的商业模式转变不同。就我所知，在实践中既没有具体的例子，也不存在转型的路线图。然而，新的现实和工具已经准备就绪，使这种转型成为可能（至少在理论上是这样），所以我提出这一观点，希望管理思想家和一些勇敢的管理者能够迎接挑战，真正地实现这种转变。和科学界的革命一样，没有先例并不意味着不能或者不该尝试。

工业革命开始时，大型组织有两种模式，即天主教会和军队，而且，由于缺乏关于物体的实时数据，对于那时新成立的公司来说，以这两种大型组织的方式管理信息是有意义的，即自上而下、以线性方式、按次序分配到不同的部门，而且，高级管理层的决定是相关的。事实上，早期的铁路公司经常直接采用军队的管理制度和程序。[1]

今天，正如我们在本书中看到的众多案例一样，对数据收集和共享的限制已经被消除。此外，协作工具（如Slack）和工作方式（如Scrum）变得可靠并日益流行。然而，即使是物联网初创企业，也仍然是基于旧的层级结构和线性模型构建的。

---

[1] 资料来源：Charles F. O'Connor, Jr., *Military Enterprise and Technological Change: Perspectives on the American Experience,* MIT Press, 1985, p. 90. https://books.google.com/books?id=ukk6jtvWtMoC&pg=PA90&lpg=PA90&dq=early+railroad+disaster+and+army&source=bl&ots=HOJ6KLEcAg&sig=Rjxto27TBkJBvAKUQJm9Tg727_E&hl=en&sa=X&ved=0ahUKEwjT3e3tzNzYAhWvS98KHWakDwE4ChDoAQguMAE#v=onepage&q=%20railroad%20disaster%20and%20army&f=false.

尽管层级结构在工业时代早期是可以理解的组织形式，但循环式的组织形式却比它更早出现。想想我们穿着动物皮毛的祖先围着篝火转圈，谋划如何杀死剑齿虎，或者想一想亚瑟王（King Arthur），他没有把他的骑士排成一排，而是把他们召集到圆桌前开圆桌会议。不要忘记大自然，它在45.4亿年的周期基础上运转得很好。

循环天然具有协作性。每个人都可以互相看见对方，和对方交谈。在循环之中，不存在明显的优势或者地位的差别。涉及执行决策时，循环会自动形成闭环，以便数据和其他信息回到起点，而不是在线性和死胡同式的流程中逐渐消失。难怪20世纪80年代的公司会为了提高业绩而形成质量闭环（quality circle），它们没有倡导形成质量方块，对吧？

正如托马斯·库恩（Thomas Kuhn）在其具有里程碑意义的著作《科学革命的结构》（*The Structure of Scientific Revolutions*）中解释的那样，从层级管理向循环式管理转变的可能性，与科学领域类似的根本性转变之间，存在着相似之处。①库恩写道：当一个旧的范式（如托勒密的"地心说"）即将崩溃时，会出现一种典型的模式——越来越多的异常现象发生，无法用旧的"真理"来解释，直到我们遇到危机，新的范式会迅速出现：

危机在放松了刻板印象的同时，还提供了基本范式转变

---

① 资料来源：Thomas S. Kuhn, *The Structure of Scientific,* 2nd edition. International Encyclopedia of Unified Science. Chicago: University of Chicago, 1970.

所需的增量数据。有时，新范式的形式会在非同寻常的研究赋予异常数据的结构中预示出来……更常见的情况是，人们事先并未有意识地查看这样的结构。相反，新的范式，或者说是某个明星的暗示，有时候是在半夜突然浮现在某个深陷危机的人的脑海之中，这使得后来的清晰表述突然出现。最后阶段的本质是一个人如何发明（或者发现自己发明）一种新的数据排序方式，现在所有的数据都必须在这里保持神秘，而且可能永远如此。让我们在这里只注意一件事。那些最终实现了新范式的这些基本发明的人，几乎总是这样的情况：要么非常年轻，要么对他们改造的范式的领域非常陌生……对于这些人来说，也许这一观点无须如此明确。因为他们在之前的实践很少遵循常规科学的传统规则，所以特别可能发现这些规则不再适合定义一个可玩的游戏，并且努力构想另一套可以取代它们的规则。①

越来越多的工作团队选择了协作，而创新者创造了协作工具，这难道不是引发这种管理范式转变的异常现象吗？千禧一代也许是"非常年轻"或者"对他们改造的范式的领域非常陌生"的人们，他们对层级制度的厌恶和对合作的热爱，能够推动这种变化。

---

① 资料来源：Thomas S. Kuhn, *The Structure of Scientific,* 2nd edition. International Encyclopedia of Unified Science. Chicago: University of Chicago, 1970. pp. 89 - 90.

从戈尔公司中寻找灵感

如何组织和运行这样一个将数字与实物融合起来的系统，特别是如果它的前提是必须改革200多年来相当成功的商业实践的话，该怎么办？

在现有企业模式中，与循环式组织最接近的可能是戈尔公司（W. L. Gore & Associates）。这家公司是始终如一的创新者，自1958年成立以来，一直按照"格子"模型来组织运营（也就是说，每位工人都与其他工人相互联系），这是根据其创始人比尔·戈尔（Bill Gore）在杜邦公司（DuPont）工作期间的经历而确定的。他在那里工作时，可以自由地组建特别工作小组去完成特殊的项目。[1]没有传统的组织结构图，没有指挥链条，也没有预先确定的沟通渠道。相反，他们使用跨学科的团队，其中囊括所有的部门，团队成员彼此直接沟通。戈尔的团队是自组织的，大多数领导者不是指定的，而是涌现出来的，他们被称为"天生的领导"。实际上，某个人可能会在传统公司从事不同的工作，比如销售和产品设计。戈尔公司还认为，要让每个人都能参与公司事务，并且所提的建议有机会被高层采纳，公司规模小将十分重要，所以，当公司现有的规模达到约200名员工时，就会在附近成立新的公司。[2]

---

[1] 资料来源：Gary Hamel, "Innovation Democracy: W. L. Gore's Original Management Model," *Management Innovation Exchange*, September 23, 2010. http://www.managementexchange.com/story/innovation-democracy-wl-gores-original-management-model.

[2] 资料来源：Alan Deutchman, "The Fabric of Creativity," *Fast Company*, December 1, 2004. https://www.fastcompany.com/51733/fabric-creativity.

正如德勤会计师事务所的凯茜·本科（Cathy Benko）和莫莉·安德森（Molly Anderson）所写的那样："继续利用过去的工业蓝图投资未来，将是徒劳的。'格子'重新定义了工作场所的假设，为组织和推进公司现有的渐进的努力指明了方向并提供了框架，使之成为对不断变化的职场世界的全面的、战略性的回应。"[1]

其他人里，最突出的是罗素·艾可夫（Russell Ackoff），在20世纪90年代提出了循环组织方式，但这种理念一直没有流行开来。[2]我的观点是，在循环式组织涌现的潜力方面，今天之所以与过去不同，是因为关于组织的方方面面的实时数据（出于这些目的，还包括关于供应链、分销网络、零售商、每天在现场使用产品的客户等的数据）首次可以实现即时收集和分享了。

正如我们看到的那样，这改变了一切。

过去，收集数据和共享数据同样困难，所以，管理层可以根据自己的想法来分配数据。

这与实时数据的实时共享形成了对比。如果可以立刻共享数据，那么，依次序处理数据是不是还有意义？

重申一下我们已经讨论过的内容以及创新者已经从中获益的实践，那便是：从正在运行的产品中获得的数据，可以立即在同一时间用于以下方面（用数字孪生作为参考框架）：

---

[1] 资料来源：Cathy Benko and Molly Anderson, "The Lattice That Has Replaced The Corporate Ladder," *Forbes*, March 16, 2011. https://www.forbes.com/2011/03/16/corporate-latticeladder-leadership-managing-hierarchy.html#25874a183228.

[2] 资料来源：Russell J. Ackoff, "The Circular Organization: An Update," *The Academy of Management Executive*, February 1989. https://www.jstor.org/stable/4164862.

- 维护，预测可能出现的问题，并通过预测性维护进行干预，将成本降到最低，满足客户的需要。
- 设计，以记录零部件或者易用性等方面出现的问题的模式，可用于设计更加可靠的和更加用户友好的升级。
- 营销，看看是否存在一致的产品误用模式，如果是，那就表明需要重写手册或者添加新功能。
- 供应链合作伙伴，看看哪些零部件是否在某个地方需要更加频繁地更换，而在另一个地方却不需要频繁更换（例如，喷气式涡轮发动机在风沙大的地方需要更加频繁地更换零部件）。

更重要的是，如果所有这些小组同时关注并讨论数据（基本真理），那么创新和创造的潜力就更大了。

以 Scrum 为例。它最初是为软件设计项目创建的，现在用于各类复杂的交互式项目。它强调快速开发，主要通过将整个项目"分块"，然后为团队创建一个为期几周的"全力冲刺"截止日期来完成工作任务，而且每天开会讨论进展——所谓的"每日 Scrum"。在一段时间的"全力冲刺"之后，应当做好了将数据块交付给客户的准备。在评审了"全力冲刺"之后，团队再选择另一个块，并且着手攻关。

为什么不继续采用类似的管理方法呢？这并不意味着每个团队成员都必须经常参与进来，他们可以不同步地做出贡献，数据也可以不同步地存档，以便其他人稍后进行评论。

同样地，Slack 以及其他的群组软件可以促成比电子邮件简单得多的合作，尤其是它主要依赖于渠道，就像聊天室一样。因为它不仅限于私人交流，而且还可以共享，所以促进了头脑风暴与协作。①

显然，这些程序和工作方式的日益流行，表明了对协作和循环方法的潜在需求。事实上，"Work.com 的一项研究发现，97% 的员工和高管认为，合作的程度直接影响着任务或项目的结果"②。

想一想在物联网的各个相互关联的阶段中，有多少步骤可以在这样的制度框架下工作：

- 数字孪生可以成为所有部门小组一致关注的焦点，因此他们将始终专注于智能联网的产品。为通用电气节省了大量时间的循环设计流程可能会成为常态。
- 供应链合作伙伴如果能够看到当前的生产状态，就可以及时补货以避免断货。更有可能的是，这将通过机器对机器的流程自动完成。
- 实时的销售与分销数据可以提醒装配线是放慢生产还是加快生产。

---

① 资料来源：Ann Augustine, "A Review of the Slack Communication Service," *LifeWire*, July 5, 2017. https://www.lifewire.com/slack-sets-standard-team-communication-online-771603.

② 资料来源："5 Benefits of Collaboration in the Workplace," *IngramMicro Advisor*. http://www.ingrammicroadvisor.com/unifiedcommunications-and-collaboration/5-benefits-of-collaborationin-the-workplace.

- 预测性维护的数据将帮助设计人员找到存在持续问题的零部件和装配线。

这些结果可能是戏剧性的。在威普罗数字公司（WiPro Digital）和未来论坛（Forum for the Future）开展的一项调查中，研究人员发现："专注于跨部门的学科，可能导致破坏性和系统性解决方案的产生。当员工建立网络并积极地跨部门自由共享项目和资源时，就在不同专业领域的团队与个人之间创建了信息的流畅交换，这反过来可以激发新的创意，并激发实验。创新往往随之而来。"①

要让这样一个体系发挥作用，需要回答一些令人痛苦的问题，所以还是有必要建立一个正式的管理结构，以避免混乱（戈尔公司拥有正式头衔的领导者的人数是有限的）。供应链和分销网络的合作伙伴只能在需要了解的基础上获得有限的信息，而这只能通过那些与你建立了长期信任关系的合作伙伴来实现。使用郁金香等软件的流水线工人也只能获得与他们工作相关的信息。

根据哈佛商业评论服务（Harvard Business Review Services）最近的一项调查，许多经理人不得不改变他们的态度。该调查发现，对于任何希望加强合作的公司来说：

---

① 资料来源：Jayraj Nair, "3 Ways Business Can Use IoT to Save the Environment," WinPro. http://wiprodigital.com/2018/01/18/3-ways-businesses-can-use-iot-to-save-the-environment/.

首先，企业文化必须允许员工为决策提建议，要采用更扁平、更开放的组织结构。其次，协作组织必须促进部门之间的交流，通过最先进的通信技术、文档共享技术、信息的远程访问以及彼此之间的支持来加强交流。①

态度上的转变同样意义重大。同一项调查还发现，合作的最大障碍是缺乏管理层支持，管理层实际参与合作比简单地支持合作往往更重要一些。②

循环式组织的愿景还可能存在一些无法克服的障碍，使得管理层不可能转变态度，比如在涉及保护商业机密和加强问责时。或者，尽管存在问题和缺陷，层级结构和线性流程也已经足够好了。

另外，层级结构和线性流程是应对过去困扰我们所有人的"集体失明"的必要机制，但物联网消除了这一障碍。如果大自然是循环的，人类最早的组织形式也是循环的，那么，循环式组织不是更加贴近自然吗？

自我评估

1. 你的公司是否遇到过传统的层级结构和线性流程干扰解决方案的问题？你是忍受这些障碍，还是试图克服它们？

---

① 资料来源："How Collaboration Wins," *Harvard Business Review* Analytical Services, January 2018. https://hbr.org/resources/pdfs/comm/citrix/HowCollaborationWins.pdf.
② 资料来源：同上。

2. 你是否使用群组软件和组织团队来处理特别困难和极具挑战性的问题？如果是这样，为什么？这样做有什么好处和结果？为什么你只用这些方法来解决特殊问题，而将层级结构和线性流程作为整个公司的日常运营模式？

后记

物联网主要是关于"物"的,也就是物质的东西,尤其是当实物日益与数字融合时。然而,我认为同样重要的是,我们看待和管理周边世界的方式发生了根本性转变:学习我们从未见过的物质世界的东西(更不用说理解它们),然后改进它们。

我在2000年左右曾就物联网的主题写过文章,当时这个概念被称为"普适计算"(ubiquitous computing)。我所写的内容涉及一种精巧的管道泄漏检测传感器。想象一下,在某个偏远地方,有条管道发生金属疲劳,维修人员找到了问题所在,及时赶到那里,趁着泄漏还没有发生,马上进行维修。这对于公司和周边的环境来说,是双赢的。

我在2011年出版的《数据炸药》(*Data Dynamite*)一书中用一段简短的文字回顾了物联网这一概念,然后指出,充分利用大数据爆炸,需要进行一种范式转变,从囤积数据转向共享数据。这个观点后来成为我提出的物联网四个"基本真理"之一。在写完这本书后,我发现这个概念很有吸引力,所以呼吁大家回归这一概念。

2012年年底，我继续为物联网鼓与呼，在博客上重点阐述物联网这一主题，并就这个概念写了一本名为《智能物体》（*SmartStuff*）的电子书。后来，思爱普公司邀请我参与一个项目，为高管人员撰写一份关于物联网的电子指南，名为《物联网管理革命》（*Managing the Internet of Things Revolution*）[①]。最终，正是这个项目促成我写这本书。

影响这本书的另一个因素是我在20世纪90年代做出的努力——宣传推广我称之为"自然财富"（natural wealth）的概念，试图让拥有200余年历史的工业经济与距今45亿年且不断发展其"产品"的自然经济联系起来，利用当地可获得的原材料来生产，并且在当前的环境温度下组装"产品"，同时有效利用其废物。自然经济一直发展得相当不错，但最近的一两个世纪，我们将它弄得越来越糟了。

令我对循环流程感兴趣的是大自然，而不是工业的标志——层级结构和线性流程。1995年，我为《网络世界》（*Network World*）这本期刊撰写了《碳60公司》（The Buckyball Corporation）一文[②]。我在文章中推测，新的基于互联网的软件可能使我们形成像"碳60"分子那样的组织，在其中，每一名员工都像碳60分子的节点，在球体之中向内看，能够看到"碳60"上其他的每个人/节点，并且

[①] 资料来源：W. David Stephenson, *Managing the Internet of Things Revolution*. SAP: 2014. http://theiotrevolution.com/iguide/.

[②] 资料来源：W. David Stephenson, "The Buckyball Corporation." *Network World*, April 1995.

与之密切合作/互动。虽然这个比喻稍有些过头，但这确实让我想到了放弃层级结构和线性流程的好处。20年后，我忽然间明白了，关于物联网的真正具有革命意义的事情，并不在于它们是一些你可以从世界的另一边控制的各种很酷的设备（而且它们还可能整齐划一），而在于对那些需要关于各种物体及其如何运转的实时数据的人来说，能够即时地共享这些数据。

如你将看到的，这可能削弱功能日益弱化的层级结构和那些仍在使得业务差异化的流程，并且催生出循环的流程，后者将消除浪费、鼓励协作、释放出巨大的创造力和创新力。放在过去，只有当来自不同背景、肩负不同责任、秉持不同见解的许多参与者在一起工作时，才有可能迸发出如此巨大的创造力和创新力！

在这里，我除了要感谢我的妻子丽贝卡·G.斯蒂芬森博士（Rebecca G. Stephenson），以及一直坚定地支持我为增进对物联网的了解做出不懈努力的D.P.T.，还要感谢我的经纪人杰夫·赫尔曼（Jeff Herman），他对哈珀·柯林斯（HarperCollins）领导力很感兴趣。策划编辑蒂莫西·伯加德（Timothy Burgard）为我提供了宝贵的意见，文案编辑杰夫·法尔（Jeff Farr）和利·格罗斯曼（Leigh Grossman）则好比是犀利的二号铅笔，为我纠正了原稿中的错误。我亲爱的朋友鲍勃·韦斯伯格（Bob Weisberg）通过推特向我提供了无数的点子，还不断督促我在截稿日期之前完成任务。我希望我能让他们所有人都感到骄傲。